A PSICOPEDAGOGIA EM PIAGET
uma ponte para a educação da liberdade

SÉRIE PSICOPEDAGOGIA

A psicopedagogia em Piaget:

uma ponte para a educação da liberdade

Maria Marta Mazaro Balestra

EDITORA intersaberes

Rua Clara Vendramin, 58 . Mossunguê
CEP 81200-170 . Curitiba . PR . Brasil
Fone: (41) 2106-4170
www.intersaberes.com
editora@editoraintersaberes.com.br

Dr. Ivo José Both (presidente)	Conselho editorial
Dr.ª Elena Godoy	
Dr. Nelson Luís Dias	
Dr. Neri dos Santos	
Dr. Ulf Gregor Baranow	
Lindsay Azambuja	Editora-chefe
Ariadne Nunes Wenger	Supervisora editorial
Ariel Martins	Analista editorial
Daniela Del Puente	Análise de informação
Sandra Regina Klippel	Revisão de texto
Denis Kaio Tanaami	Capa
Bruno Palma e Silva	Projeto gráfico
Alisson Gebrim Krasota	Ilustrações
Rafaelle Moraes	Diagramação

1ª edição, 2012.

Foi feito o depósito legal.

Informamos que é de inteira responsabilidade da autora a emissão de conceitos.

Nenhuma parte desta publicação poderá ser reproduzida por qualquer meio ou forma sem a prévia autorização da Editora InterSaberes.

A violação dos direitos autorais é crime estabelecido na Lei nº 9.610/1998 e punido pelo art. 184 do Código Penal.

Dados Internacionais de Catalogação na Publicação (CIP)
(Câmara Brasileira do Livro, SP, Brasil)

Balestra, Maria Marta Mazaro
A psicopedagogia em Piaget: uma ponte para a educação da liberdade/ Maria Marta Mazaro Balestra. Curitiba: InterSaberes, 2012. (Série Psicopedagogia).

Bibliografia
ISBN 978-85-8212-179-5

1. Piaget, Jean, 1896-1980 2. Psicopedagogia 3. Psicopedagogia educacional I. Título. II. Série.

12-08362   CDD-370.15

Índices para catálogo sistemático:
1. Psicopedagogia: Educação 370.15

Sumário

Apresentação, 11

1 Piaget: um pouco da sua vida e da sua obra, 16

2 Epistemologia genética: definição, natureza e abrangência, 22
   2.1 O método clínico, 26

3 O que é inteligência para Piaget?, 34

4 A afetividade no desenvolvimento da inteligência, 46

5 Os estágios do desenvolvimento da inteligência, 54
   5.1 O estágio da inteligência sensório-motora, 61
   5.2 O estágio da inteligência simbólica ou pré-operatória, 68

5.3 O estágio da inteligência operatória concreta, 70

5.4 O estágio da inteligência formal, 74

6 Atividades para a avaliação do tempo e do desenvolvimento intelectual da criança, 80

6.1 Os argumentos que identificam a noção de conservação, 94

6.2 Os tipos de conhecimento para a teoria piagetiana, 95

7 A contribuição da teoria piagetiana para a psicopedagogia, 100

7.1 A questão da moralidade em Piaget, 108

Considerações finais, 116

Referências, 121

Nota sobre a autora, 124

Ao Ricardo, meu marido, pelo estímulo e pela ajuda; às minhas filhas Oriana, Solana e Albana, pelo companheirismo.

Ao professor Adriano Rodrigues Ruiz, seguidor de Piaget, cuja prática profissional mostrou-me que, com convicções teóricas, é possível transformar a realidade.

É preciso ensinar os alunos a pensar, e é impossível aprender a pensar num regime autoritário. Pensar é procurar por si próprio, é criticar livremente e é demonstrar de forma autônoma. O pensamento supõe então o jogo livre das funções intelectuais e não o trabalho sob pressão e a repetição verbal.

    Jean Piaget, 8 de julho de 1944.

Apresentação

As dificuldades de aprendizagem que respondem pelo insucesso escolar vêm recebendo explicações das mais variadas conotações, tanto no enfoque das suas explicações teóricas quanto das políticas. Sucintamente, isso é o que procuraremos demonstrar neste livro.

Além disso, destacamos que a psicopedagogia é área de estudos de caráter teórico-prático e interdisciplinar que instrumentaliza o profissional nas tarefas de educar ou de ensinar. Conceitos estes que apresentam diferenças que serão especificadas no transcorrer desta obra.

Consideramos que a grande procura pelo curso de Psicopedagogia nos últimos anos é uma demonstração inequívoca da urgente necessidade de intervenção no processo educacional, especialmente nos ciclos de educação infantil e nos anos iniciais do ensino fundamental. Sendo que a presença do psicopedagogo (nesses níveis de educação) representa uma alternativa para a resolução dos problemas do processo de ensino-aprendizagem, no trabalho de apoio pedagógico.

No Brasil, o insucesso escolar já foi explicado como sendo de origem orgânica. Essa visão teórica de concepção organicista via esse problema como uma patologia que atingia os educandos, dificultando sua aprendizagem. Por isso que, nos anos 1970, gerou-se a crença de que os problemas de aprendizagem dos alunos eram causados, em sua maioria, por uma disfunção neurológica não detectável em exame clínico. A isso se deu o nome de *disfunção cerebral mínima* ou DCM.

No entanto, já nos anos da década de 1980, graças à influência de pesquisas, como a de Maria Helena Souza Patto, o fracasso escolar passou a ser pensado e explicado a partir de uma visão sociopolítica. Nesse caso, foi considerado que as causas dos problemas de aprendizagem poderiam ser encontradas na dificuldade da criança em adaptar-se à cultura escolar, a qual pode, por vezes, ser completamente diferente daquela em que o aluno vive em seu meio familiar. O que ocorria, nesse contexto, é que os conhecimentos e as experiências trazidos de casa pelo aluno não eram reconhecidos nem considerados como ponto de partida para um novo patamar de aprendizado no ambiente escolar. É com base nessa visão sociopolítica que foi, então, concebido o curso de Psicopedagogia, como mostra a vasta produção teórica realizada nessa área (Bossa, 2000, p. 48).

As explicações de cunho social e político para os problemas de aprendizagem trazem uma nova perspectiva de abordagem para as dificuldades que causam esses obstáculos. Os pressupostos teóricos selecionados para o embasamento da formação dos futuros psicopedagogos são norteados a partir desse enfoque. É aí que começa a procura por alternativas teóricas entre as várias correntes de pensamento que buscam visualizar o contexto do problema. Assim, as experiências resultantes dos trabalhos de Jean Piaget, entre outros, é que dão um referencial para esta discussão, então, instaurada.

A teoria de Jean Piaget, denominada *epistemologia genética*, constitui uma das bases teóricas adotadas pelas propostas programáticas dos cursos de psicopedagogia. É dela que nos propomos tratar neste trabalho, que não tem a pretensão de esgotar a imensa obra piagetiana: mais de 75 publicações entre livros e outros materiais de estudo. Entretanto, queremos destacar que estas linhas não podem e não devem ser interpretadas como um manual.

Por *manual* entendemos SEGUIR ESTRITAMENTE O QUE ESTÁ ESCRITO sem uma análise mais crítica acerca da abrangência dos conceitos colocados e sem o devido aprofundamento do que está sendo lido.

Nossa experiência, advinda da prática docente e de várias outras funções pedagógicas, possibilitou-nos constatar que a teoria piagetiana, além de ser pouco conhecida, quando o é, via de regra se apresenta de forma tão limitada e superficial que não consegue transcender o nível do discurso.

Esse limite teórico pode ser a consequência de uma leitura simplista ou, até mesmo, ingênua acerca da teoria de Piaget denominada *epistemologia genética*. Com este trabalho queremos provocar no leitor, especialmente no futuro psicopedagogo, o desejo e, sobretudo, a necessidade de ampliar o seu conhecimento a respeito dos estudos realizados pelo mestre genebrino, que, como veremos adiante, têm grande influência sobre o processo de ensino-aprendizagem; e que nos ajuda a compreender e a explicar os fenômenos pedagógicos que encontramos no nosso dia a dia.

APs

Piaget: um pouco da sua vida e da sua obra

Capítulo 1

Neste capítulo, abordaremos alguns aspectos relevantes da vida e da obra de Jean Piaget, pois, mesmo não se considerando educador, embora tivesse por essa profissão grande respeito e entusiasmo, Piaget sempre viu a educação como a condição indispensável para o alcance da liberdade humana. A citação a seguir, proferida durante uma conferência apresentada no 28° Congresso Suíço dos Professores, em 08 de julho de 1944, deixa clara essa convicção: "É óbvio que uma educação do pensamento, da razão e da própria lógica é necessária e que é a condição primeira da educação da liberdade. Não é suficiente preencher a memória de conhecimentos úteis para se fazer homens livres: é preciso formar inteligências ativas"(Piaget, 1944).

Assim, esse biólogo, nascido em Neuchâtel, Suíça, em 9 de agosto de 1896, desde muito cedo revelou suas qualidades de investigador da natureza, dedicando-se ao estudo de moluscos.

Seguindo um itinerário rigorosamente coerente, a par de trabalhar na natureza, Piaget passou por quase todos os domínios do conhecimento até chegar à lógica formal e à teoria da ciência. Entretanto, foi como epistemólogo – teórico voltado para a questão do conhecimento ou, ainda, para os mecanismos que produzem conhecimento – que Piaget deixou sua maior contribuição para a educação. Ou seja, buscava conhecer o "sujeito epistêmico", o que significa dizer, O INDIVÍDUO EM SEU PROCESSO DE CONSTRUÇÃO DO CONHECIMENTO.

A história de Piaget mostra que ele jamais pretendeu escrever um manual por meio do qual o professor aprendesse a ensinar; foram os profissionais da educação que buscaram em sua teoria subsídios epistemológicos para melhor entender o desenvolvimento da inteligência infantil. Entre eles, podemos mencionar Saltini, destacado psicólogo, que investiga a inteligência e a afetividade no desenvolvimento infantil, e grande entusiasta das ideias piagetianas aplicadas à educação.

Saltini referencia Piaget diante das questões pedagógicas educacionais, por meio de um acontecimento ocorrido quando de uma viagem à Genebra, em 1979, com a finalidade de convidar Jean Piaget para participar de um congresso sobre educação que seria realizado no Brasil. Na ocasião, ao ser convidado, o pesquisador genebrino teria respondido com as seguintes palavras:

Não posso ir por duas razões. Primeiro porque tenho ainda muito a escrever e sinto que a minha vida está acabando. Em segundo lugar, não sou educador.

Portanto não vejo por que ser convidado para um congresso sobre educação. A educação está além daquilo que faço. Posso ajudar, contribuir com algumas ideias, mas não sou educador, não posso dizer como deve se conduzir a educação que me parece algo muito complexo. (Saltini, 1999, p. 16)

Só isso dá uma clara demonstração do caráter e da seriedade de propósitos do pesquisador suíço.

Contudo, foi na condição de epistemólogo que Piaget pesquisou a formação das estruturas intelectuais da criança. Investigou cientificamente a criação plástica, a linguagem e as atividades lúdicas infantis. Com os dados coletados nessas pesquisas, escreveu sua grande obra, não somente em volume como também em importância. Obra essa que é composta por inúmeros livros, trabalhos, pesquisas etc.

A denominação *epistemologia genética* surgiu com o fato de Piaget afirmar sempre que "Não há gênese sem estrutura, nem estrutura sem gênese". Daí porque esse conceito está centrado nos termos *epistemologia* (teoria do conhecimento) e *gênese* (origem, começo, base).

Compreender a gênese do conhecimento infantil era, portanto, sua meta. Embora nunca tivesse procurado usar suas experiências para fins estritamente pedagógicos.

Entre as suas inúmeras produções, podemos encontrar: *A linguagem e o pensamento da criança* (1923), *O juízo e o raciocínio da criança* (1924), *A representação do mundo na criança* (1924), *A causalidade física na criança* (1927) e *O juízo moral na criança* (1932).

Num segundo momento da sua produção teórica, Piaget escreveu: *O nascimento da inteligência* (1936), *A construção do real na criança* (1937), *A gênese da noção do número* (1941), *O desenvolvimento das quantidades* físicas na criança (1941), *Classes, relações e números* (1942) e *Formação do símbolo na criança* (1945).

Nesses trabalhos, Piaget abordou os problemas relativos à formação da inteligência infantil. Os resultados das suas investigações ressaltam aquilo que consiste na verdadeira essência da sua teoria: O DESENVOLVIMENTO DA ESTRUTURA DO RACIOCÍNIO LÓGICO DA CRIANÇA.

É importante salientar que, ao longo de sua vida, Piaget cultivou um grande sonho: o de contribuir para a formação de uma sociedade justa e igualitária. Entretanto, a concretização desse sonho passaria, sem qualquer sombra de dúvida, pela educação escolar.

Sua teoria é o caminho para a realização desse sonho. Suas pesquisas em torno da formação e do desenvolvimento das estruturas mentais da criança permitiram que a prática pedagógica se adequasse melhor às condições biopsíquicas e sociais do aluno.

O desenvolvimento espontâneo da criança é possível de ser diagnosticado por meio das atividades deixadas por Piaget, que oportunizam ao professor conhecer as estruturas mentais do aluno nas suas diferentes faixas etárias e, de posse dessas informações, o professor pode promover, em sala de aula, situações desafiadoras que motivem o crescimento intelectual do educando, como adiante será melhor explicitado.

icop

Epistemologia genética: definição, natureza e abrangência

Capítulo 2

Para Piaget, os estágios psicogenéticos mais elementares, situados no domínio da psicologia, são precedidos de fases consideradas organogenéticas, de domínio da biologia. Portanto, para recuarmos à gênese do conhecimento, é preciso ter em conta que o ato de conhecer é resultante de uma construção simultânea – desenvolvimento e aprendizagem – que, para ser estudada em sua origem e evolução, necessita da contribuição teórica também e, sobretudo, da biologia e da psicologia. Assim, as referências teóricas contempladas neste capítulo, bem como em toda esta obra, têm como objetivo expressar a dimensão e a importância da contribuição de Piaget para uma educação que, de fato, priorize o desenvolvimento do ser humano.

Nessa perspectiva, antes de tudo, é preciso saber o que nos leva a diferenciar EDUCAR de ENSINAR.

> Por *educar* entendemos atuar junto ao sujeito visando seu integral desenvolvimento; já *ensinar* – para nós – é agir de forma a possibilitar ao educando o acesso ao conhecimento, intermediando sua busca por novos horizontes em direção à cidadania.

A propósito, "ensinar exige o reconhecimento e a assunção da identidade cultural" (Freire, 1997, p. 46).

A expressão *epistemologia genética* significa A PASSAGEM DE UM CONHECIMENTO INFERIOR E MAIS POBRE PARA UM SABER MAIS RICO EM CONCEPÇÃO E EXTENSÃO (Piaget, 1978, p. 4). Assim, essa é a denominação atribuída à teoria de Jean Piaget, que estuda a evolução do fenômeno psicológico individual e, abstratamente, propicia um retorno às suas fontes, ou seja, à gênese do conhecimento.

Seus fundamentos teóricos visam provar os equívocos da epistemologia tradicional, de cunho empirista, que se volta apenas para os estados superiores da inteligência, preocupando-se somente com as manifestações da inteligência, sem, entretanto, voltar-se às suas origens.

A epistemologia genética investiga as raízes do conhecimento, desde a sua forma mais elementar, seguindo sua evolução, seus níveis de desenvolvimento, até a forma estruturante do pensamento científico. Uma melhor compreensão dessa ideia será obtida na leitura do comentário acerca das fases do desenvolvimento psicológico da criança.

Entretanto, todas as fontes de informações científicas oriundas das mais diferentes áreas do conhecimento (física, química, matemática, biologia etc.) ganham projeção no âmbito da epistemologia genética. Isso a torna uma teoria de natureza interdisciplinar (Piaget, 1978, p. 4).

Uma investigação em epistemologia genética sempre contará com a contribuição de outras áreas científicas. Por exemplo: uma pesquisa sobre o conhecimento infantil a respeito da noção de número, velocidade, natureza etc. necessitará da colaboração de especialistas em matemática, física, biologia, linguística, história das ciências e lógica, entre outros. Assim, no caso concreto, esses profissionais são epistemólogos em suas respectivas áreas de formação e de pesquisa científica (Piaget, 1978, p. 5).

Para maior clareza no entendimento do aspecto teórico-científico dos pressupostos piagetianos, convém ressaltar que há a necessidade da colaboração de um especialista em epistemologia da área que for pesquisada (Piaget, 1978, p. 5). Ou seja, cada abordagem do conhecimento implica não apenas o seu respectivo saber, mas todos os saberes que a compõem.

Por exemplo: à pergunta do aluno sobre a causa da queda de uma manga da mangueira, não basta que o professor lhe diga apenas que a manga caiu porque estava madura. A resposta do professor ao educando deve contemplar uma explicação muito mais abrangente: biologia (o ciclo da fruta na mangueira), física (a força da gravidade, o vento atuando sobre a árvore), química (a maturação da haste que sustenta a fruta no galho, diminuindo sua resistência), matemática (a velocidade da queda diante da distância entre o galho e o chão) etc. Não se esquecendo o mestre, todavia, das regras do uso do vernáculo na explicação, das bases culturais e das experiências prévias do aluno entre outros fatores que são indispensáveis para que este possa compreender por inteiro a explicação.

Sobre isso, nunca é demais lembrar as palavras de Marina Müller, psicopedagoga argentina citada por Bossa: "mediante a aprendizagem, cada indivíduo se incorpora a este mundo com uma participação ativa, ao apropriar-se de conhecimentos e técnicas, construindo em sua interioridade o universo de representações simbólicas" (Bossa, 2000, p. 90).

De modo geral, esse era o procedimento adotado nos trabalhos de Piaget e seus colaboradores no Centro Internacional de Epistemologia Genética, em Genebra. Por conseguinte, a observação não foi o único método de investigação utilizado por Piaget. A preocupação com a cientificidade dos dados obtidos em suas pesquisas o levou a criar um outro instrumento metodológico de trabalho: o MÉTODO CLÍNICO.

2.1
O método clínico

Neste estudo, a abordagem do MÉTODO CLÍNICO tem uma dupla finalidade para o psicopedagogo: conhecer melhor o instrumento de pesquisa utilizado por Piaget em suas investigações científicas realizadas com crianças e apropriar-se desse conhecimento para utilizá-lo na sua ação pedagógica com o educando, não esquecendo, todavia, que o seu trabalho não se restringe à sala de aula.

No uso do método clínico, o psicopedagogo intervém no processo educativo durante as conversas com a criança, buscando investigar o seu desenvolvimento psicológico, e, também, procura conhecer a forma como o indivíduo organiza sua estrutura intelectual.

Embasado na prática dos psiquiatras da sua época, o método clínico foi adaptado por Jean Piaget como instrumento para investigar a gênese das estruturas lógicas do pensamento da criança, pois ele questionava os métodos existentes, até então, na avaliação do desenvolvimento psicológico infantil. Considerava que os testes utilizados na avaliação do desenvolvimento da inteligência da criança não conseguiam descobrir os mecanismos do seu pensamento. Além disso, para o mestre genebrino, as questões elaboradas nesses testes poderiam inclusive "falsear a orientação de espírito das crianças", por induzirem a uma certa conotação de resposta.

Piaget percebeu que questões fixas – como a pergunta "O que é que faz o sol andar?" – feitas com exagerada objetividade, impediam a formulação de hipóteses mais abrangentes nas respostas da criança. Podiam, ainda, estimular a tendência normal no pensamento infantil de inventar mitos para sair do embaraço causado pela pergunta fora dos padrões do seu cotidiano, como as respostas: "É Deus que empurra o sol..."; "É o vento que empurra...".

Assim, a natureza desse tipo de pergunta – que representa um teste elaborado de forma fixa, direta e objetiva, e que coloca a criança diante do desconhecido – reforça a necessidade dela em mitificar ou fantasiar sua resposta. No caso da pergunta a que nos referimos anteriormente, a criança pode ser levada a buscar a causa da mobilidade do sol partindo dos referenciais do seu dia a dia. Afinal, não é Deus quem resolve todos os problemas? Não é a natureza quem ajuda o homem a mover os seus veleiros no mar?

No MÉTODO CLÍNICO de Piaget, as perguntas formuladas à criança devem ser marcadas pela permanente intervenção do interrogador, visando com isso provocar a busca de diferentes hipóteses de respostas. Portanto, o questionador deve fugir de qualquer tipo de questionamento fixo e direto (Piaget, 1926, p. 7).

Usado por Piaget no decorrer das suas experiências, esse método distinguia-se dos demais praticados até então, uma vez que sua preocupação, nesses casos, era a de entender as representações criadas pela criança em relação aos temas abordados. Temas que eram sempre sugeridos pelo investigador. Desse modo, as perguntas formuladas pelo interrogador têm a função de provocar reações na criança, conforme passaremos a analisar.

Vejamos um caso concreto, no qual o TEMA GERADOR da investigação relaciona-se ao sonho. A criança interrogada tem 8 anos e meio. Quatro pontos são levantados pelo pesquisador: a origem dos sonhos; o lugar dos sonhos; o órgão dos sonhos; o porquê dos sonhos.

O contexto trabalhado pelo interrogador com a criança é o seguinte:

Engl.(81/2):
— *De onde vêm os sonhos?*
— *Não sei.*
— *Diz o que você acha?*
— *Do céu.*
— *Como é isso?*
— *... Onde eles chegam?*
— *Em casa.*
— *Enquanto a gente sonha, onde está o sonho?*

— Perto da gente.
— Você fica com os olhos fechados quando está sonhando?
— Fico.
— Onde fica o sonho?
— Em cima.
— A gente pode tocá-lo?
— Não.
— Vê-lo?
— Não.
— Alguém que estivesse perto de você poderia vê-lo?
— Não.
— Como a gente sonha?
— Com os olhos. (Dolle, 1983, p. 21)

A postura do interrogador demonstra sua intenção de estimular o pensamento infantil. Sem se sentir pressionada, a criança responde de maneira espontânea, o que permite ao investigador conhecer e analisar sua organização mental. Isso é possível porque esse procedimento, adotado por Piaget em suas pesquisas, permite que a criança fale normalmente, exteriorizando por completo seus saberes. As manifestações espontâneas são, portanto, captadas pelo pesquisador num contexto mental.

Durante as situações de pesquisa, é mantida a prática da conversação livre, ocasião em que o interrogador vai estrategicamente dirigindo o diálogo, sempre partindo das considerações feitas pela própria criança.

Na interação PESQUISADOR E CRIANÇA, aquele visa diagnosticar os domínios da inteligência desta, o que faz por meio dos mecanismos do pensamento exteriorizado pela fala da criança durante a aplicação do método.

Precisamos ressaltar, entretanto, que um dos inconvenientes do MÉTODO CLÍNICO é a sua difícil aplicabilidade. É preciso muita experiência para levá-lo a efeito com eficiência e fidedignidade. Esse problema decorre principalmente da dificuldade que temos em ouvir a criança sem interferir em seu processo de organização mental.

Durante as elucubrações mentais da criança que está sendo questionada, o bom pesquisador deve saber observá-la com grande paciência pedagógica para não a interpelar nem sugestioná-la, dessa forma inviabilizando a experiência. Portanto, nesse processo, o pesquisador deve preocupar-se em garantir um ambiente propício para que a criança se expresse com naturalidade.

A APLICAÇÃO DO MÉTODO CLÍNICO requer consistente embasamento teórico, bom senso e muita responsabilidade na avaliação das respostas apresentadas.

Não devemos valorizar tudo que a criança responde nem negar o devido crédito aos resultados dos interrogatórios. É também necessário detectar quando a conversa representa uma história inventada naquele momento ou, até mesmo, quando a fala expressada pode resultar de uma crença sugerida por alguém, uma vez que esse método se apoia na livre conversação sobre um tema dirigido.

Os desvios tomados pelo pensamento infantil, durante a experiência, devem ser objeto da atenção do interrogador, que deve sempre buscar o retorno ao tema do diálogo, a fim de obter sua estabilidade. Assim, pode ser testada a constância e a coerência do pensamento da criança sobre o foco da conversa, mediante contrassugestões apresentadas pelo interrogador (Dolle, 1983, p. 19).

Reforçando o que já foi dito sobre esse procedimento metodológico, ele pode representar um instrumento de grande valia no trabalho de avaliação psicopedagógica e educacional de crianças, especialmente no ambiente de atuação institucional. Por meio dele é possível não apenas detectar um problema como também adotar medidas preventivas no que tange às dificuldades de aprendizagem.

As palavras de Claparède, citado por Brearley e Hitchfield, evidenciam com muita clareza a sua abrangência, a sua forma e a sua importância:

> *O método clínico é a arte de perguntar: não se limita a observação superficial, mas visa capturar o que está oculto por trás da aparência imediata das coisas. Analisa até seus últimos componentes a menor observação feita pela criança. Não abandona a luta quando a criança dá respostas incompreensíveis, mas apenas segue mais de perto em busca do pensamento sempre fugidio, tira-o de seu manto, persegue-o e acossa-o, até poder agarrá-lo, dissecá-lo e pôr a nu o segredo de sua composição.* (Brearley; Hitchfield, 1973, p. 14)

Como vimos, os pontos essenciais que constituem objeto de preocupação da EPISTEMOLOGIA GENÉTICA podem ser resumidos em: investigação da gênese das estruturas lógicas do pensamento infantil; compreensão acerca da maneira como essas estruturas funcionam; conhecimento sobre a forma como a criança põe em ação esse conhecimento (Dolle, 1983, p. 15).

No afã de responder à indagação: "COMO O HOMEM CONHECE?", a qual marcou sua trajetória como epistemólogo, Piaget investigou, para chegar aos seus pressupostos teóricos, além dos seus próprios filhos, outras crianças das mais diferentes idades. É por isso que, pretendendo contemplar os pontos essenciais do pensamento piagetiano, anteriormente sintetizado, procuraremos adiante aprofundar nossos estudos sobre esse assunto.

Iniciamos esse intento buscando o significado de INTELIGÊNCIA e dos seus mecanismos de funcionamento na visão do pesquisador suíço, uma vez que a compreensão dos mecanismos e do funcionamento da inteligência é fundamental, especialmente na atividade escolar, quando pretendemos distinguir a MEMORIZAÇÃO DOS CONTEÚDOS da verdadeira CONSTRUÇÃO DE CONHECIMENTO.

> *Temas para o aprofundamento da leitura*
> - Analise e compare a epistemologia genética e o empirismo (epistemologia tradicional), no que tange à aprendizagem do aluno. Comente com os(as) colegas os resultados dessa atividade.
> - Discuta com eles(elas) as possibilidades de uso do método clínico na intervenção psicopedagógica.
> - Reflita e troque ideias sobre os cuidados recomendados na aplicação do método clínico.

oeda

O que é inteligência para Piaget?

Capítulo 3

A formação de biólogo acabou por influenciar Piaget na formulação do conceito de ADAPTAÇÃO. Seu interesse em observar o Universo o levou a concluir que, para sobreviver e conservar o equilíbrio entre o organismo e o meio ambiente, os seres vivos em geral têm de se adaptar ao meio, como condição para a sua sobrevivência. Esse é o panorama que abordaremos neste capítulo.

Piaget conceituou a INTELIGÊNCIA como ADAPTAÇÃO, pois na perspectiva piagetiana, a função da inteligência é a de estruturar e organizar o universo do próprio sujeito, que se constitui na forma encontrada e utilizada pelo organismo na estruturação do meio em que vive (Dolle, 1983, p. 57). E a ADAPTAÇÃO é composta por três mecanismos: ASSIMILAÇÃO, ESQUEMAS DE AÇÃO e ACOMODAÇÃO.

Entretanto, vale ressaltar que nesse processo o sujeito tem uma participação ativa. O termo *adaptação* não pode e nem deve ser interpretado e pensado como um comportamento passivo, pois, nesse enfoque, a criança age sobre o objeto a ser conhecido – o conteúdo. É esse pensamento que vai alimentar a ideia do interacionismo como teoria do conhecimento.

Por outro lado, o CONTEÚDO tem de provocar na criança a necessidade de conhecê-lo. Vale dizer que o objeto a ser conhecido deve contemplar os interesses que caracterizam a fase de desenvolvimento mental em que se encontra a criança. Daí o jogo, o lúdico, ser considerado como um excelente material didático na atividade pedagógica com a criança em seus estágios iniciais de desenvolvimento.

Nessa linha de pensamento, é de fundamental importância identificar o professor como o elo indispensável para estabelecer essa interação. Na perspectiva interacionista de aprendizagem, além de organizador, o professor é também o mediador do processo de ensino-aprendizagem.

Retomando a conceituação de inteligência, ao longo das suas investigações psicogenéticas, Piaget recolheu dados que o levaram a concluir que a INTELIGÊNCIA JÁ EXISTE ANTES DA LINGUAGEM, MAS QUE NÃO EXISTE PENSAMENTO ANTES DA LINGUAGEM.

Para ele, a inteligência é a solução de um novo problema e o instrumento de coordenação dos meios para atingirmos um determinado fim; o pensamento representa a inteligência interiorizada.

Nesse enfoque, a inteligência encontra-se apoiada não mais na ação direta ou na ação prática da criança, mas sim em recursos utilizados pelo pensamento, como a representação simbólica e a evocação por meio da linguagem ou, ainda, pelas imagens mentais (Piaget, 1978, p. 261).

Nesse processo, considerando os mecanismos que compõem a ADAPTAÇÃO (estrutura de inteligência), os enunciados a seguir explicitam melhor a questão:

- ASSIMILAÇÃO: corresponde à incorporação de novos elementos, retirados do meio, à estrutura mental já existente. Assimilar significa, portanto, apreensão de novas experiências;
- ESQUEMAS DE AÇÃO: constituem experiências que podem ser generalizadas e transpostas para uma outra atuação. Um esquema de ação não pode ser considerado pensamento, pois se reduz à estrutura interna das atividades. Ou seja, é aquilo que há de comum nas iniciativas tomadas pelo sujeito frente a uma nova situação, a qual frutifica em novos esquemas, e assim sucessivamente;
- ACOMODAÇÃO: consiste na capacidade de modificar os esquemas de assimilação frente à pressão do meio externo, visando alcançar a adaptação (inteligência). Vale ressaltar que a acomodação resulta sempre da pressão exercida pelo meio exterior.

Figura 1 – O que leva o sujeito à ação?

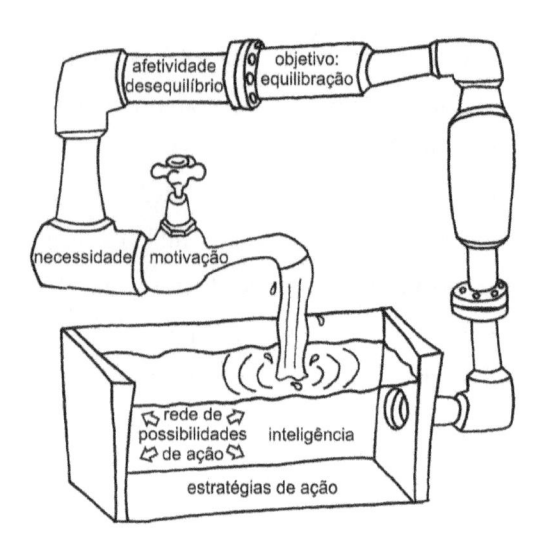

![Figura 1: diagrama com rótulos — afetividade/desequilíbrio, objetivo: equilibração, necessidade, motivação, rede de possibilidades de ação, inteligência, estratégias de ação]

Fonte: Adaptado de Lima, 1980.

A ASSIMILAÇÃO e a ACOMODAÇÃO, em Piaget, devem ser vistas como mecanismos complementares. A ADAPTAÇÃO DEVE SER ENTENDIDA COMO O EQUILÍBRIO (ativo e dinâmico) ENTRE A ASSIMILAÇÃO E A ACOMODAÇÃO. É daí que nasce o termo *equilibração*, que "significa resultado da reestruturação do processo de conhecimento".

O CONCEITO DE EQUILIBRAÇÃO tem um peso expressivo no enfoque da epistemologia genética. Representa o resultado da reestruturação do processo de conhecimento após a resolução de um problema e depois de o sujeito viver uma nova experiência. Ou seja, frente a uma situação desafiadora, o indivíduo vê-se diante de um problema novo. Essa situação enseja uma certa desorganização na sua mente (isto é, uma desequilibração), sendo que um novo equilíbrio nas suas estruturas mentais só ocorre quando estiver concretizada a respectiva reestruturação do pensamento. Isso responde obviamente pelo entendimento do problema com o qual o sujeito se confrontou, criando um caos em suas estruturas de pensamento, depois que se dá a reequilibração das estruturas psíquicas perante aquela situação até então caótica. Trata-se, todavia, de equilíbrio cognitivo que necessita da afetividade (interesse, vontade, motivação etc.) para a construção das novas estruturas intelectuais.

A BUSCA DA EQUILIBRAÇÃO move as ações do indivíduo, acelerando o desenvolvimento de suas estruturas mentais e intelectuais. Assim, quanto mais desafios (novas informações/desequilibração; assimilação do novo/acomodação; mudança da estrutura do pensamento/equilibração) são colocados para o sujeito, maior é a possibilidade de ampliar o seu conhecimento.

Contudo, a afetividade é indispensável para que o processo se dê plenamente, uma vez que, não havendo afinidade entre o conteúdo e o sujeito, a atividade de busca da equilibração certamente aborta. E, com isso, nada vai ocorrer de positivo em relação ao processo de ensino-aprendizagem.

O desequilíbrio deve ser entendido como um motor que impulsiona o sujeito a novas ações (esquemas) na direção de um novo equilíbrio (adaptação), tendo em vista o objeto do conhecimento (situação nova).

As funções cognitivas elementares – percepção, hábito e memória – são responsáveis por uma modalidade de adaptação mais superficial. Apenas a inteligência, através da ação e do pensamento, produz um equilíbrio total, visando assimilar o objeto de conhecimento em sua totalidade. A INTELIGÊNCIA ORIENTA-SE NA DIREÇÃO DA CONSTRUÇÃO DE ESTRUTURAS MÓVEIS REVERSÍVEIS E PROGRESSIVAS (Barcellos, 1983, p. 30-31).

A ótica piagetiana procura explicar o desenvolvimento das estruturas mentais da pessoa cognoscente. Por isso, diante da pergunta sobre "O QUE NOS LEVA À AÇÃO?" a resposta desenvolve o seguinte percurso mental: há um desequilíbrio cognitivo (que também é de ordem afetiva, uma vez que envolve a emoção), que gera uma necessidade (endógena do próprio sujeito) – A MOTIVAÇÃO. Por sua vez, essa necessidade aciona a inteligência como estratégia para elaboração de um novo conhecimento, abrindo com isso uma rede de possibilidades na busca de um novo equilíbrio e, assim, sucessivamente. Daí a importância em conceber o equilíbrio sempre como um mecanismo ativo e dinâmico.*

Contrariamente ao que prega a corrente empirista de aprendizagem – para a qual o conhecimento é interiorizado passivamente pelo sujeito – e a corrente inatista, que defende a ideia de que o sujeito está ou não geneticamente preparado para receber o "novo", os interacionistas adotam a interação entre o sujeito e o objeto como condição indispensável para a aquisição da aprendizagem.

O caráter interacionista da teoria piagetiana provém da tese defendida por seu criador, o qual explica a construção do conhecimento pelo uso de uma via de duas mãos: DO SUJEITO PARA O OBJETO E DESTE PARA AQUELE.

Em outras palavras, o interacionismo (agir entre) vai permitir a ação do sujeito sobre o objeto a ser conhecido. Mas, para que isso ocorra, o objeto deve ser desafiador, provocar a ação do sujeito. Deve, portanto, ser significante para o ser cognoscente ou o sujeito, ou a criança.

---

* De certa forma, a Figura 1 permite a visualização dessa sequência de atitudes mentais.

A crítica feita por Piaget à educação tradicional (empirista) recai, sobretudo, no tipo de aprendizagem mecânica que dela decorre por ser meramente expositiva e que, quase sempre, transcorre à margem do interesse do educando.

Nessa concepção (associacionista, empirista, tradicional), o aluno é o "receptáculo do conteúdo" da aula e o professor é a "despensa de conhecimento" (Ruiz; Bellini, 1996, p. 12). E, mesmo quando o aluno se apropria do que lhe foi passado, podemos afirmar que houve apenas a memorização do conteúdo transmitido pelo professor, porém ao aluno esse conteúdo não traz nenhum novo significado, já que não faz parte do seu interesse e do seu objetivo. Assim, essa aprendizagem fica completamente esvaziada de sentido para o aluno. Fato este que é comum na prática do processo de ensino-aprendizagem embasado na teoria do conhecimento, focada no empirismo que norteou a educação tradicional.

Relativamente às teorias empiristas, que dominam a escola tradicional, é o próprio Piaget quem faz as ressalvas:

> A escola tradicional oferece ao aluno uma quantidade considerável de conhecimentos e lhe proporciona a ocasião de aplicá-los em problemas e exercícios variados: ela "enriquece" assim o pensamento e o submete, como se costuma dizer, a uma "ginástica intelectual", à qual caberia consolidá-lo e desenvolvê-lo. No caso do esquecimento (e todos nós sabemos o pouco que resta dos conhecimentos adquiridos na escola, cinco, dez ou vinte anos após o término dos estudos secundários) tem ela ao menos a satisfação de haver exercitado a inteligência; pouco importa que se haja esquecido por completo a definição do cosseno, as regras da quarta conjugação latina ou as datas da história militar: o essencial é tê-las conhecido. (Piaget, 1973, p. 61-62)

O ensino tradicional, sustentado pela teoria epistemológica empirista, que postula a supremacia do objeto, concebe o sujeito como um ente passivo no processo de aprendizagem. Em função disso, essa concepção de educação também é denominada *intelectualista* ou *academicista*, porquanto valoriza o acúmulo de informações como sinônimo de aprendizagem. Nessa ótica, a interação entre os polos sujeito × objeto é literalmente escamoteada.

Voltando ao interacionismo, outro aspecto importante na teoria piagetiana é o papel que a afetividade exerce no ato de conhecer. Piaget considera que a afetividade é a energia que produz os sentimentos de interesse e entusiasmo, bem como os valores que animam a ação sem, contudo, modificar as estruturas da inteligência. Assim, a afetividade deve ser vista como uma força motriz que impele o sujeito para o conhecimento (Lima, 1980, p. 235).

Podemos, portanto, concluir que as características intelectualista e academicista do ensino tradicional negligenciam a importância da afetividade no processo de aprendizagem, ao contrário da teoria interacionista do conhecimento (defendida por Piaget) que a privilegia. É por isso que, na sequência, à frente, desenvolveremos melhor os aspectos e a importância da afetividade no processo de ensino-aprendizagem.

> Temas para o aprofundamento da leitura
>
> - Em grupo, tome como exemplo a atividade de uma criança de seis anos e nela identifique: a) a assimilação; b) os esquemas de ação; c) a acomodação.
> - Fundamentando-se na Figura 1, conceitue: a) equilíbrio; b) desequilíbrio; c) necessidade.

- Justifique teoricamente a frase de Piaget, retirada da citação anterior: "... todos nós sabemos o pouco que resta dos conhecimentos adquiridos na escola, cinco, dez ou vinte anos após o término dos estudos secundários".

gog

A afetividade no desenvolvimento da inteligência

Capítulo 4

Existe um paralelo constante entre a vida afetiva e a inteligência no período que vai da infância à adolescência dos seres humanos. Adotando essa concepção, Piaget (2001, p. 22) afirma que "A afetividade e a inteligência são, portanto, indissociáveis e constituem os dois aspectos complementares de toda conduta humana". Esses são os aspectos que abordaremos neste capítulo.

No início da infância, DE 0 ANO A 2 ANOS, a afetividade está inteiramente voltada para o "eu", predominando um comportamento totalmente INDIFERENCIADO frente ao mundo. Nessa fase, as carências da criança são ainda marcadas pelas suas necessidades orgânicas, característica que faz com que ela seja imediatista, privilegiando, sobretudo, a busca do prazer.

Depois, DE 3 ANOS A 6 ANOS, concomitante com o desenvolvimento da inteligência, a afetividade manifesta-se com o surgimento – na criança – da noção de "permanência do objeto" e com sua projeção sobre as outras formas de explorar o universo exterior. Nesse mesmo período, quanto ao estado afetivo, manifesta sentimentos de antipatia e simpatia em suas relações interindividuais. Sendo que nos contatos sociais que são estabelecidos nesse estágio a criança é heterônoma, ou seja, suas atitudes afetivas e intelectuais são de submissão em relação ao adulto.

Posteriormente, dos 7 ANOS AOS 11 ANOS, aparecem os sentimentos de alegria e tristeza, relacionados muitas das vezes com as sensações de sucesso ou de fracasso dos atos intencionais, de esforços e de interesses ou de fadigas e de desinteresses. No entanto, os estados afetivos nesse período estão sempre ligados às ações da própria criança (Piaget, 2001, p. 23); por conseguinte, nessa fase, podemos perceber o surgimento de novos sentimentos morais, estando estes, desde então, submetidos à influência da própria vontade. Surge também, nesse período, certa tendência ao autoconhecimento, condição essencial para o entendimento das outras pessoas, pela criança.

Segundo Piaget, nesta última fase, a vontade resulta de uma melhor integração do "eu" no seu meio social e de uma regulação de sua vida afetiva. Assim, a vontade representa a forma de equilíbrio compatível com o funcionamento dos sentimentos morais autônomos do sujeito. Consequentemente, podemos perceber a importância do respeito mútuo e da reciprocidade afetiva entre a criança e o adulto para a construção da moral no sujeito. Sendo que isso está expresso nas palavras do próprio Piaget, ao destacar a importância que a afetividade exerce no desenvolvimento e no processo de aprendizagem do ser humano:

> A afetividade não é nada sem a inteligência, que lhe fornece meios e esclarece fins. É pensamento pouco sumário e mitológico atribuir as causas do desenvolvimento às grandes tendências ancestrais, como se as atividades e o crescimento biológico fossem por natureza estranhos à razão. Na realidade, a tendência mais profunda de toda atividade humana é a marcha para o equilíbrio. E a razão – que exprime as formas superiores desse equilíbrio – reúne nela a inteligência e a afetividade. (Piaget, 2001, p. 65)

Os estudos piagetianos a respeito da afetividade representam uma valiosa contribuição para a educação da criança na família e, especialmente, na escola. O acompanhamento do seu desempenho escolar, ou seja, do processo cognitivo, é importante, mas o aspecto afetivo não pode ser negligenciado em nenhum momento do desenvolvimento infantil, principalmente na vida escolar.

Os problemas apresentados no desempenho escolar exigem do psicopedagogo uma avaliação das características psicológicas demonstradas pela criança, no sentido de identificar se os problemas decorrem de uma limitação cognitiva ou de uma limitação afetiva. Esses dois níveis devem ser considerados na análise estrutural dos problemas.

É por isso que, no plano funcional, o psicopedagogo deve averiguar de onde vem a dificuldade da criança. Assim, a análise dos aspectos cognitivos da criança fornece os meios para a identificação das causas dessa dificuldade, enquanto os aspectos afetivos podem indicar a razão do que está acontecendo com o aluno. Portanto, "a pesquisa psicopedagógica pode constituir uma ponte necessária para a passagem da pesquisa psicológica para a propriamente pedagógica" (Macedo, 1992, p. 123-124).

Consequentemente, o psicopedagogo – especialmente aquele que trabalha nas escolas, isto é, o PSICOPEDAGOGO INSTITUCIONAL – deve ser um pesquisador, tanto no sentido de conhecer melhor as características psicológicas da criança quanto as que decorrem de suas atividades pedagógicas, objetivando buscar as melhores formas de auxiliar o aluno no processo de aprendizagem.

Entretanto, não podemos esquecer que toda relação estabelecida na escola deve estar nutrida com grande dose de afetividade. O grau de afetividade que envolve a relação do(a) professor(a) com a criança e o que resulta dos laços criados na interação desta com os seus pares representa o fio condutor e o suporte para a aquisição do conhecimento pelo sujeito. O aluno, especialmente o da educação infantil, precisa sentir-se integralmente aceito para que alcance plenamente o desenvolvimento de seus aspectos cognitivo, afetivo e social.

Existe um pensamento que está em moda nos meios educacionais, o de que os problemas nessa área estariam resolvidos simplesmente com a aquisição de equipamentos mais modernos e em maior quantidade para as salas de aula. Esse raciocínio estabelece a premissa que a melhoria dos laboratórios, dos equipamentos de ensino, dos materiais pedagógicos, dos recursos de informática, dos livros e dos materiais didáticos, por si só, levam à solução dos maiores obstáculos ao desenvolvimento da atividade de ensino-aprendizagem.

Reconhecemos que a aquisição desses materiais é de fato relevante. No entanto, tudo isso deve estar direcionado para a formação do aspecto intelectual do aluno, bem como para o desenvolvimento de sua capacidade de sonhar, amar, perseverar e de contribuir para a construção de uma sociedade melhor.

Com o propósito de ampliar os conhecimentos que subsidiam a prática do psicopedagogo, a seguir passaremos ao estudo da "teoria dos estágios do desenvolvimento da inteligência".

Esse referencial teórico é fundamental na pesquisa psicológica e na passagem desta para a pesquisa pedagógica. Assim, após conhecer a estruturação mental da criança, o psicopedagogo pode recorrer aos recursos pedagógicos que o auxiliam no trabalho com o processo de ensino-aprendizagem.

> Temas para aprofundamento da leitura
>
> - No intuito de expressar o pensamento de Piaget sobre a questão estudada, elabore um breve texto articulando o trinômio: atividade humana, inteligência e afetividade.
>
> - Releia e comente com os(as) colegas as características afetivas da criança nas diferentes faixas etárias. Enriqueça essa experiência com outros exemplos que se baseiam no comportamento de crianças que você conhece.
>
> - Reflita e troque ideias com os(as) colegas a respeito da importância da pesquisa na ação psicopedagógica.

ia er

Os estágios do desenvolvimento da inteligência

Capítulo 5

Cada estágio de desenvolvimento do ser humano caracteriza-se por uma determinada estrutura de DESENVOLVIMENTO MENTAL, marcado notadamente pelos aspectos motor, intelectual e afetivo. Sobre esse processo a partir da psicogenética é que versa este capítulo.

Os conhecimentos obtidos por meio da pesquisa psicogenética levaram Piaget a estruturar em estágios o desenvolvimento psicológico da criança. Com o intuito de melhor entender as peculiaridades e a evolução que caracterizam a formação das estruturas intelectuais em cada um deles, foram divididos em quatro, a saber:

1. ESTÁGIO DA INTELIGÊNCIA SENSÓRIO-MOTORA: do nascimento até os 2 anos de idade da criança;

2. ESTÁGIO DA INTELIGÊNCIA SIMBÓLICA OU PRÉ-OPERATÓRIA: dos 2 anos aos 7-8 anos;
3. ESTÁGIO DA INTELIGÊNCIA OPERATÓRIA CONCRETA: dos 7-8 anos aos 11-12 anos;
4. ESTÁGIO DA INTELIGÊNCIA FORMAL: a partir dos 12 anos, com patamar de equilíbrio por volta dos 14-15 anos.

No entanto, para entendermos a estruturação psicológica idealizada por Piaget, é necessário considerar alguns critérios utilizados por ele na descrição e na classificação dos estágios do desenvolvimento mental, que são os seguintes:

1. A ORDEM DE SUCESSÃO DAS AQUISIÇÕES (de novas estruturas mentais) pela criança é sempre constante. Isso não quer dizer, todavia, que essa ordem corresponda a um padrão cronológico exato, ou seja, a idade em que ocorrem as aquisições pode variar de criança para criança. É preciso não esquecer as influências que o contexto social exerce sobre o desenvolvimento do indivíduo e, portanto, sobre essas aquisições;
2. CADA ESTÁGIO POSSUI CARÁTER INTEGRATIVO, assim, a cada nova fase, a criança acrescenta ao saber preexistente os novos conhecimentos, os quais passam a fazer parte do seu "todo" mental. Exemplo: as operações concretas – nas quais já há evidências do uso do raciocínio lógico – constituem uma parte integrante das operações formais. É quando a criança passa do plano das percepções para o plano do domínio gradativo do pensamento conceitual. Cronologicamente, não significa que esse desenvolvimento vá ocorrer nessa mesma faixa etária em todas as crianças; mas, uma coisa é certa, necessariamente se dará nessa ordem;

3. CADA UM DESSES ESTÁGIOS CARACTERIZA-SE POR UMA ESTRUTURA DE CONJUNTO, isto é, as aquisições não são alheias entre si, já que passam a formar um todo. A estrutura mental do indivíduo permite entender, por exemplo, que a compreensão de agrupamento encontrada na atividade de classificar (juntar por semelhança ou diferença, como agrupar brinquedos com brinquedos, utensílios domésticos com utensílios domésticos, animais com animais etc.) e na atividade de seriar (estabelecer relações entre objetos diferentes em certos aspectos e ordenar tais objetos, observando essas diferenças) será utilizada, mais tarde, como estrutura mental para a resolução de operações mais complexas, quando, então, essas novas aquisições servirão de fundamento. Por isso, fica evidente que os estágios são constituídos a partir da estrutura de conjunto das operações mentalmente adquiridas ao longo da infância, preparando os alicerces para as novas construções intelectuais na criança;

4. CADA ESTÁGIO COMPREENDE UM NÍVEL DE PREPARAÇÃO DE UMA NOVA ETAPA E DE ACABAMENTO DE UMA OUTRA. Por exemplo: para as operações formais, o estágio de preparação abrange a faixa etária dos 11 anos aos 13 anos, e o seu término dá-se quando o patamar de equilíbrio do desenvolvimento mental do sujeito tiver sido atingido, considerando esse período de idade.

A respeito disso, Campos (2005, p. 1-2), faz interessante comentário:

As articulações de Piaget procuram nos mostrar como a criança "passa", à medida que amadurece, psicologicamente, de um plano perceptivo inicial ao domínio gradativo do conceito, recenseando as seguintes etapas na confecção da noção de espaço: em primeiro lugar, um espaço sensório-motor, liminarmente topológico, depois, numa segunda fase, um espaço sensório-motor que se torna, simultaneamente, métrico (ou euclidiano) e projetivo; e, por último, um espaço representativo caracterizado pelo aparecimento da função dialética simbolização [sic] e da semiose.

A TEORIA DAS DEFASAGENS consiste em um outro ponto importante quando discutimos os estágios do desenvolvimento mental. Significa que nem todas as noções de conservação são construídas pela criança ao mesmo tempo. Para Piaget, esse conceito deve ser entendido como a repetição ou a reprodução do processo formador em diferentes idades e pode acontecer em dois níveis:

1. Defasagem horizontal: também chamada de *defasagem em extensão*, é quando, no plano do pensamento operacional concreto, a criança ainda não possui noção de conservação, de substância, de peso e de volume, ao mesmo tempo. Primeiro, ela atinge o domínio da conservação de substância, depois a conservação de peso e, muito depois, a de volume;

2. Defasagem vertical: trata-se de um desnível de compreensão que ocorre nas estruturas mentais da criança, de um plano para outro, dentro do mesmo estágio de desenvolvimento, do período sensório-motor para o plano das representações. Por exemplo: a criança compreende aspectos da realidade em que está inserida (onde age normalmente), mas não entende esses mesmos aspectos se, apenas, ouvir explicações verbais sobre a mesma realidade.

Convém esclarecer que na DEFASAGEM HORIZONTAL os processos primitivos de adaptação reaparecem frente à necessidade imposta pela resolução de uma nova situação. Portanto, ocorre a reconstrução de uma estrutura já utilizada em um outro nível de desenvolvimento, por meio de diferentes esquemas de ação.

Observe a sequência de gravuras, abaixo. Demonstram elas o gradativo aumento de complexidade nas ações de um bebê para concentrar-se em seu intento.

Figura 2 — *Novos esquemas de ação*

Na DEFASAGEM HORIZONTAL, a compreensão dá-se no momento em que ocorre a passagem do pensamento de um plano inferior para um plano superior. Essa condição pode ser explicada da seguinte maneira: uma criança que consegue organizar (aos 7 ou 8 anos) séries de quantidade de matéria (por comprimento, quantidade, medida etc.) pode, inclusive, alcançar o nível de CONSERVAÇÃO relativa a essas noções. Entretanto, é incapaz de atingir o domínio de operações relativas à noção de peso, por exemplo. Essa aquisição somente será alcançada por volta dos 11 ou 12 anos.

Relembrando, por CONSERVAÇÃO entendemos a capacidade de concluir que certos atributos de um de objeto são permanentes, ainda que este objeto tenha sua aparência transformada. Ou, ainda, em compreender que a quantidade numérica de um conjunto só pode ser alterada por adição ou subtração de seus elementos – todas as outras mudanças são irrelevantes (Nunes, 2005, p. 21).

O que deve ficar claro para os profissionais da educação, especialmente para o psicopedagogo, cuja atuação se volta primordialmente para os problemas decorrentes da dificuldade de aprendizagem, é que a TEORIA DAS DEFASAGENS nos permite conhecer as possibilidades de construção de estruturas mentais nos diferentes estágios da aquisição do conhecimento. A propósito, Piaget (1975, p. 334) afirma que

> mesmo que essas dificuldades reencontradas na ação pela criança de 2 a 7 anos estejam destinadas a ser vencidas, no fim de contas, graças aos instrumentos preparados pela inteligência sensório-motora dos dois primeiros anos, a transição do plano simplesmente prático para o da linguagem e do pensamento conceptual e socializado comporta ainda obstáculos sui generis que complicam, singularmente, o progresso da inteligência.

Dos psicopedagogos é esperado o devido preparo teórico e a indispensável sensibilidade para auxiliar a criança na superação desses obstáculos. Assim capacitado, pode contribuir muito com o pedagogo, o qual atua mais diretamente com o educando. Portanto, é fundamental que o psicopedagogo institucional (o que trabalha na escola) tenha a instrumentalização teórica suficiente para assessorar o professor. Nessa condição, ele pode contribuir na atividade de busca por recursos metodológicos mais indicados para enfrentar e vencer as defasagens apresentadas pela criança.

5.1
O estágio da inteligência sensório-motora
(de 0 ano a 2 anos)

Durante o período sensório-motor, o lactente não demonstra possuir consciência da fronteira entre o mundo exterior e o seu mundo interno, porquanto, psicologicamente, ele não se distingue do resto de seu mundo. A essa condição é dado o nome de ADUALISMO, pois a referência que o bebê tem do mundo externo está centrada no seu próprio corpo, como se ele fosse o centro do universo. Nessa fase, no seu comportamento, há uma indiferenciação completa entre os aspectos subjetivo e objetivo.

Para descrever essa característica, Piaget utilizou a denominação EGOCENTRISMO (conjunto de atitudes ou comportamentos indicando que o indivíduo se refere essencialmente a si mesmo). Iniciado na fase que vai até os 2 anos de vida, o egocentrismo prolonga-se até o início do estágio das operações concretas (por volta dos 7 ou 8 anos).

Considerando que não podem pairar dúvidas acerca da importância de termos um completo domínio teórico sobre o egocentrismo – suas características e decorrências –, adiante ampliaremos o enfoque sobre esse conteúdo. É muito saudável que o psicopedagogo tenha completo domínio sobre esse tipo de atitudes/comportamentos, uma vez que o seu desconhecimento – total ou parcial – pode gerar equívocos e/ou deformações nos diagnósticos/avaliações psicológicos concretos.

Retomando o enfoque do período em que se dá a inteligência sensório-motora na criança, isto é, até os 2 anos de idade, convém saber que as atividades que ocorrem nesse período são de natureza prática, resultantes das funções perceptivas e das atividades motoras que se dão no cérebro.

O DESENVOLVIMENTO COMPORTAMENTAL que marca essa faixa etária pode ser acompanhado a partir da observação de algumas modificações de ordem motora e perceptiva. Estudos piagetianos revelam que o estágio sensório-motor alcança seu patamar de equilíbrio intelectual quando a criança consegue atingir objetos afastados ou escondidos pelas pessoas que a rodeiam. Nesse caso, o bebê demonstra que sua ação apresenta-se organizada quanto aos aspectos ESPAÇO-TEMPO-CAUSA, revelando também a noção do aspecto PERMANÊNCIA do objeto.

A persistência na busca do objeto pela criança – mesmo estando este distante de seu campo visual – identifica o início do surgimento das condições necessárias para o conhecimento objetivo, indispensável para a superação do subjetivismo, que alimenta o seu egocentrismo.

Entre muitos outros sinais da inteligência sensório-motora que podem ser identificados pelo psicopedagogo (ou pelo professor), no lactente sob análise, algumas ocorrências, que marcaram o desenvolvimento do indivíduo a partir período do seu nascimento até os 24 meses de vida, podem ser reconhecidas por manifestações bem claras. Entre elas, podem ser identificadas, por exemplo:

1. AS REAÇÕES CIRCULARES PRIMÁRIAS: resultam das ações que se encontram em reflexos e hábitos que marcam os primeiros dias de vida do bebê. Depois, a partir dos 3 até os 6 meses, a criança manifesta comportamentos que indicam a transição de um hábito simples para uma ação inteligente.

Isso pode ser observado quando há a reprodução de um movimento – pela criança – para a obtenção de um novo resultado. Podemos observar isso quando, por acaso, o bebê toca o móbile que está preso em seu berço; ouve o som decorrente do movimento executado e, surpreso com o resultado da sua intervenção, recomeça tudo de novo (Barcellos, 1983, p. 71);

Figura 3 – *Ação intencional*

2. AS REAÇÕES CIRCULARES SECUNDÁRIAS: dão-se quando as ações do bebê ainda estão marcadas por hábitos simples, mas já é perceptível o surgimento da intencionalidade em torno de um resultado, com a intenção de mantê-lo. Nesse caso, a criança descobre que, tocando no objeto, vai reproduzir o movimento obtido com a ação precedente. Quando é observada essa atitude na criança, chegamos ao resultado daquilo que pode ser denominado de *assimilação dos objetos*

pela ação da criança. Consequentemente, na situação que estamos comentando, ocorreu a construção de ESQUEMAS DE AÇÃO. Vale dizer que esse comportamento pode ser repetido sempre que a criança assim o desejar. Isso ocorre por volta de 8 a 10 meses de vida (Barcellos, 1983, p. 73);

3. AS REAÇÕES CIRCULARES TERCIÁRIAS: ocorrem entre os 10 e 24 meses de vida, quando a ação da criança reproduz intencionalmente um dado movimento e repete esse comportamento de forma variada sempre que desejar novo objetivo. Essa atitude demonstra que a criança já utiliza os esquemas conhecidos, frente às novas situações, com a intenção de obter um novo resultado. Por exemplo: lançar ou rolar objetos, endireitar uma caixa, derramar água de algum recipiente etc. A reação circular terciária, no plano sensório-motor, significa, de certa forma, o ponto de partida para o alicerçamento de novas estruturas que marcam o juízo experimental (Dolle, 1983, p. 124).

Figura 4 – *Ação inteligente*

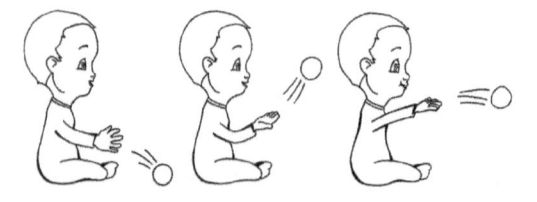

O desenvolvimento que acontece nos níveis psicológicos descrito nessas situações demonstra como, gradativamente, o "eu" e o universo vão se tornando diferenciados para a criança. Essa mudança anuncia o fim do ADUALISMO e torna possível verificar o estabelecimento da PERMANÊNCIA do objeto na criança. Nesse estágio, para a criança, o objeto permanece existindo, mesmo quando desaparece de seu campo visual.

Retomando a questão do EGOCENTRISMO, passaremos a analisar as características dessa fase, principalmente por saber que quanto mais informações a escola tem a esse respeito, mais eficiente o é no preparo de atividades pedagógicas para a superação dos limites que ocorrem nesse estágio da vida da criança. Os quais são:

1. ARTIFICIALISMO: a criança considera que o que ocorre ao seu redor é sempre provocado intencionalmente por alguém, como as coisas que ela mesma vê acontecer. Por exemplo: pedir à mãe que desligue a chuva, pois ela vê a mãe desligar o chuveiro, cessando assim o fluxo de água e pensa que também seja possível desligar a chuva;
2. FINALISMO: os fenômenos que acontecem em torno da criança têm, para ela, uma finalidade predeterminada. Assim, considerando o exemplo acima, no seu entendimento a finalidade da chuva é impedir que ela brinque com seus amiguinhos;
3. ANIMISMO: as coisas que compõem o mundo da criança são animadas, isto é, têm vida, como ela própria. Assim, é comum dizer que os animais, os brinquedos e os objetos têm vida igual à sua;
4. REALISMO INFANTIL: a percepção que a criança tem do meio é muito particular e subjetiva. Por conseguinte, ao desenhar uma caixa, pode insistir que dentro dela há um brinquedo, embora não haja nada.

As experiências organizadas pela criança na fase egocêntrica são marcadas pelas percepções subjetivas que ela tem da situação ou do fenômeno. No entanto, essa é a maneira como a criança, nessa etapa, explora e conhece o mundo que a rodeia. Piaget chamou de REVOLUÇÃO INTELECTUAL ao desenvolvimento que ocorre nesse período, em função da presença de categorias, como: OBJETO, ESPAÇO, CAUSALIDADE E TEMPO (Costa, 1997, p. 20).

A compreensão dessas categorias oferece ao pensamento infantil a base para a construção das atividades intelectuais superiores. A NOÇÃO de PERMANÊNCIA DO OBJETO, a ESPACIAL, a COMPREENSÃO DAS CAUSAS DOS FENÔMENOS E DAS COISAS e a NOÇÃO DE TEMPO são conquistas demoradas, mas necessárias para o provimento de outras aquisições.

Piaget considerava o PROCESSO DE CRESCIMENTO COGNITIVO lento e inteiramente dependente da ação e da percepção. Para ele, o desenvolvimento do pensamento intensifica-se conforme a criança constrói estruturas mentais de tempo, espaço, número, causalidade e classes lógicas. Com esse crescimento, ocorre o que denominou de PROCESSO DE DESCENTRALIZAÇÃO. Esse domínio propicia para a criança a condição de organizar e mover seu pensamento livremente entre passado, presente e futuro (Brearley; Hitchfield, 1973, p. 79).

Na fase sensório-motora, ainda NÃO HÁ FUNÇÃO SEMIÓTICA*. A criança não representa através de imagens mentais nem evoca os

---

* Semiótica s.f. "...teoria geral das representações que leva em conta os signos sob todas as formas e manifestações que assumem (linguísticos ou não), enfatizando especialmente a propriedade de convertibilidade recíproca entre os sistemas significantes que integram". (Houaiss, Villar, 2001, p. 2.543).

objetos pela linguagem. A função semiótica compreende a utilização de gestos, desenho, pintura, modelagem e imitação.

Podemos observar também o surgimento de ações, como ESQUEMAS de ajustar, ordenar e pôr em correspondência umas com as outras. Essas ações podem ser consideradas as primeiras formas de coordenações gerais, que são a base das estruturas lógico-matemáticas.

A INTELIGÊNCIA PRÁTICA, característica predominante do período sensório-motor, destaca-se pela capacidade em coordenar, entre si, percepções sucessivas e movimentos reais sucessivos estabelecidos no contato direto com os objetos. No entanto, nesse período (sensório-motor), a criança mostra-se incapaz de mentalizar uma representação de conjunto e não demonstra interesse por novas investigações – cuida apenas do sucesso da ação imediata. Em suma, É UMA INTELIGÊNCIA VIVIDA E NÃO REFLEXIVA QUE SOBRESSAI NESSE ESTÁGIO DA VIDA INFANTIL (Barcellos, 1983, p. 78).

Própria do período sensório-motor num estágio mais avançado, a INTELIGÊNCIA PRÁTICA vai ser retomada em PENSAMENTO CONCEITUAL (tendência que exige do sujeito uma certa submissão às normas e aos critérios convencionais para fundamentar as suas verdades). Ao contrário da ADAPTAÇÃO PRÁTICA, O PENSAMENTO CONCEITUAL tende ao conhecimento enquanto realidade objetiva, submetendo-se às normas e aos critérios de verdade (Piaget, 1975, p. 334-345).

O conhecimento teórico acerca do desenvolvimento biológico, psíquico e social da criança tem fundamental importância no atendimento das suas necessidades psicopedagógicas. Isso porque, como já vimos, os estímulos proporcionados pelo meio, especialmente no contexto educacional, interferem no desenvolvimento das estruturas intelectuais mais complexas da criança, acabando por interferir na sua capacidade para o processo de aprendizagem.

5.2
O estágio da inteligência simbólica ou pré-operatória (de 2 anos a 7-8 anos)

Como vimos no estágio anterior, naquela fase, os esquemas de inteligência sensório-motora da criança são apenas da inteligência prática e não lhe possibilitam formular conceitos sobre as coisas que a cercam.

Já na fase da INTELIGÊNCIA SIMBÓLICA ou pré-operatória, com o uso da linguagem e da capacidade de representação, por meio do jogo simbólico e da imagem mental, a situação muda substancialmente, uma vez que as ações passam a ser interiorizadas pela criança, ganhando significação. Portanto, já lhe é possível engendrar o pensamento, ainda que o objeto não esteja no seu campo visual. Assim, o êxito no resultado de algumas ações impele a criança à prática de novas experiências, o que a estimula para enfrentar outros desafios. Esse sucesso se dá graças aos novos esquemas mentais obtidos com as ações anteriores, o que aumenta sua capacidade de representação através do pensamento simbólico.

Esse período marca também o início da descentralização do pensamento infantil (isto é, ocorre, então, a redução do seu egocentrismo), minimiza o subjetivismo e possibilita à criança o acesso ao conhecimento objetivo. Essa transformação viabiliza ligações mais objetivas entre a criança e o meio, aumentando a capacidade e o poder do seu pensamento.

Nesse período, não há a função reversível do pensamento, isso significa que a criança ainda não consegue organizar os objetos e os acontecimentos em categorias lógicas gerais, fazendo-o apenas especificamente. Por exemplo: ela sabe que a distância do trajeto entre sua casa (A) e a escola (B) é de três quadras, mas não saberia responder a distância existente entre a escola e sua casa (AB=3; BA=X), portanto seu pensamento carece da característica denominada REVERSIBILIDADE (Visca, 1991, p. 46).

A LINGUAGEM que começa a aparecer nesse período vai gerar novos esquemas e favorecer a reconstrução daqueles anteriormente formados. Igualmente, vai oportunizar a edificação do pensamento simbólico (expresso por imagens e figuras), substituindo a ação direta do sujeito sobre o objeto pela sua evocação e representação mental. O pensamento simbólico possibilita à criança superar os limites, existentes na sua fase anterior, relativos à noção de tempo e de espaço. Essa nova capacidade de operar a partir de representações mentais (pensamento simbólico) conduz gradativamente à superação do subjetivismo da criança. Esse desenvolvimento lhe possibilita maior objetividade em termos de aquisição de conhecimento (Barcellos, 1983, p. 78). Assim, o poder de imitar, conquista dessa fase, vai criar um novo universo de significações e possibilidades de representações. A imitação, quando o objeto está ausente, é um gesto que indica que a criança já realiza a evocação mental (Lima, 1980, p. 204).

Piaget explorou o desenho, forma de representação muito utilizada pela criança, em suas investigações correspondentes à formação das estruturas intelectuais. Para ele, a criação livre, a linguagem e as atividades lúdicas constituem formas reveladoras do mundo interior da criança. Decorre disso, então, que o psicopedagogo pode explorar essas atividades na avaliação do desenvolvimento do pensamento simbólico do aprendente, até porque o emprego do método clínico nesse nível do desenvolvimento é inviável. Isso porque, nessa fase, o interrogador tem ainda grande dificuldade em analisar a criança pelas respostas dadas às perguntas que formulou (Lima, 1980, p. 204).

5.3
O estágio da inteligência operatória concreta (de 7-8 anos a 11-12 anos)

No estágio sensório-motor, a atividade predominante é a ação prática e o pré-operacional marca o desenvolvimento da percepção. Já a fase do desenvolvimento da criança que passaremos a analisar é a que acentua significativamente o crescimento da sua operação intelectual, portanto, predomina o desenvolvimento da INTELIGÊNCIA OPERATÓRIA CONCRETA.

Logo, se o progresso do pensamento infantil, havido primeiramente na inteligência sensório-motora (inteligência prática), evoluiu para a inteligência simbólica (imitativa), isso indica que há uma evolução ainda mais significativa: novas estruturas mentais tornam possível para a criança construir o seu raciocínio com um arcabouço lógico. O que ocorre na fase situada entre os 7 ou 8 anos e os 11 ou 12 anos.

O pensamento lógico apoia-se em PREMISSAS INVARIANTES (variáveis que, numa transformação de um sistema, mantêm-se constantes), razão pela qual a ação de transformação mental é reversível (se A é igual a B, B é igual a A).

Essa reversibilidade constitui um esquema de conservação e as conservações não são inatas, elas são construídas (Dolle, 1983, p. 169).

Resulta disso, então, que, nessa idade psicológica, a criança já é capaz de abstrair reflexivamente, portanto de estabelecer a reversibilidade dos pensamentos que já é capaz de elaborar. São aquisições desse estágio de desenvolvimento a capacidade para operação reversiva do pensamento (fazer e desfazer mentalmente uma determinada ação, em sentido contrário àquele que normalmente já realizava), a capacidade em descentralizar as percepções necessárias para a apreensão do ponto de vista do outro, a capacidade para estabelecer relações de classe e de inclusão de classe etc. (Evans, 1980, p. 112).

Outro ganho intelectual desse período da vida infantil (dos 7-8 anos aos 11-12 anos) é a noção de agrupamento que define as estruturas mentais em vias de finalização oriundas do estágio das operações concretas, como: classificar, seriar, corresponder termo a termo, realizar as operações multiplicativas (matrizes) e a capacidade de operar utilizando o raciocínio infralógico.

Na mente infantil, o PENSAMENTO OPERATÓRIO INFRALÓGICO ocorre no domínio das operações que envolvem as noções de tempo e de espaço. Essa compreensão é desenvolvida após o domínio conceitual de QUANTIDADE CONTÍNUA (comprimento, massa, área, volume). Isto é, daquilo que não pode ser contado, separando-se as respectivas unidades, como a água.

Segundo Piaget (1978, p. 213), nas operações infralógicas os objetos equivalem-se, mas não são transitivos entre si. Exemplo dado pelo pesquisador:

Sócrates é ateniense e, em consequência, grego, europeu etc., em contrapartida, o nariz de Sócrates, pelo fato de fazer parte dele, nem por isso é ateniense, grego ou europeu.

O raciocínio fundamentado nas operações infralógicas é estruturado pela criança entre os 7 e os 12 anos, bem antes de atingir a capacidade requerida para trabalhar o que chamamos de OPERAÇÕES PROPOSICIONAIS, quando o pensamento hipotético-dedutivo, desenvolvido a partir dos 12 anos, possibilita a resolução de problemas feitos em enunciados verbais. Exemplo disso: "Edith é mais loura que Suzana. Edith é mais morena que Lili. Qual delas é a mais morena?" (Piaget, 1978, p. 25).

O que acontece, nessa fase, é que a noção operatória de CONSERVAÇÃO vai se ampliando gradativamente e aumentando as possibilidades de atuação do raciocínio lógico do sujeito. Assim, ainda no desenvolvimento do estágio da inteligência operatória concreta, surgem as noções de SUBSTÂNCIA (por volta dos 7 aos 8 anos), de PESO (por volta dos 9 aos 10 anos) e de VOLUME (em média, dos 11 aos 12 anos).

Essas aquisições podem ser constatadas nas atividades da criança. Por exemplo: perante a criança, o professor dissolve um tablete de açúcar em um copo de água e faz a seguinte pergunta: O QUE ACONTECEU COM O AÇÚCAR?

As respostas terão os seguintes enfoques: dos 7 aos 8 anos, com as suas próprias palavras, a criança responde que o açúcar permanece na água invisivelmente (aí está a noção de SUBSTÂNCIA); aos 9 anos a criança utiliza o mesmo argumento, acrescentando ainda que O COPO FICOU MAIS PESADO (aí está a noção de PESO). E, por volta dos 11 anos, na resposta estarão implícitos os argumentos anteriores com o acréscimo da compreensão de que aumentou a quantidade de matéria no recipiente (noção de VOLUME).

Isso torna possível perceber que o desenvolvimento do pensamento lógico vai facultando à criança compreender situações mais complexas. Assim, no primeiro momento da experiência, após demonstrar a conservação de SUBSTÂNCIA – o açúcar continua na água em forma de grãozinhos invisíveis – ela consegue agregar a ideia de PESO (o açúcar acrescentou peso à água) à noção de SUBSTÂNCIA. E, por fim, lhe é possível entender que, em consequência da SUBSTÂNCIA e do PESO, o açúcar aumentou também o volume da água no copo.

Constatamos, por isso, que a epistemologia genética disponibiliza um referencial teórico de suma importância para a prática psicopedagógica, tornando possível acompanhar (e avaliar) o itinerário cognitivo realizado pela criança em suas construções mentais e afetivas, durante o seu crescimento.

Sob essa perspectiva, consideramos que, em todas as diferentes fases do desenvolvimento da criança, o intelectual e o afetivo devem ser considerados indissociáveis e complementares; merecendo, portanto, os cuidados psicopedagógicos mais adequados, como recomendam os pressupostos piagetianos. Isso faz com que ela atinja plenamente sua capacidade de desenvolvimento, dentro das específicas fases do seu crescimento.

A seguir, analisaremos o quarto e último período do desenvolvimento intelectual, o da INTELIGÊNCIA FORMAL, a fim de compreender a capacidade da criança de operar sobre atividades formais e abstratas. Assim, conhecendo as características desse período, é possível adequar a prática pedagógica às reais necessidades do educando nessa fase da sua vida.

5.4
O estágio da inteligência formal (a partir dos 12 anos, com patamar de equilíbrio por volta dos 14-15 anos)

As experiências desenvolvidas gradativamente por meio da ação prática da criança, na fase sensório-motora, contribuem para o desenvolvimento de suas estruturas mentais em complexidade e forma de expressão. Adquirindo a capacidade de representar mentalmente surge a possibilidade de deslocamento da ação para a utilização das percepções. Esse avanço em termos de desenvolvimento intelectual, somado aos estímulos oriundos do meio – via aprendizagem –, lhe possibilita atingir a capacidade de abstração formal. Em outras palavras, todo o desenvolvimento obtido ao longo de sua infância vai lhe assegurar a passagem para o estágio das operações formais. Fato que acontece em torno dos 12 anos, atingindo seu patamar de equilíbrio por volta dos 14-15 anos.

As aquisições estruturais formadas nos períodos que constituem os estágios do desenvolvimento intelectual do sujeito ocorrem de forma integrada, organizadas numa dimensão de conjunto e não por justaposição; portanto, o estágio das operações formais é construído a partir da ordem de sucessão das aquisições alcançadas nos períodos precedentes. O desenvolvimento de cada etapa não pode ser visto de forma linear e quantitativa, o que pode ser observado é a mudança de qualidade quanto ao nível das atividades realizadas pela criança nessas etapas.

No período das OPERAÇÕES FORMAIS, a partir dos 11-12 anos, o conhecimento ultrapassa o real, o que possibilita à criança operar mentalmente sem a mediação do concreto.

Nas operações formais, a criança utiliza o raciocínio hipotético para a formulação de proposições, chegando à operação dedutiva pelas conclusões das hipóteses levantadas. Temos, então, que na inteligência formal o raciocínio é hipotético-dedutivo. Isso quer dizer que as operações passam da condição INTRAPROPOSICIONAL (abstração reflexiva) sobre classe, relações etc. para a capacidade de operar de forma INTERPROPOSICIONAL, que é a capacidade de tirar conclusões a partir de outras proposições que não a principal. Por exemplo:

> Um dia, Zezinho foi com seu pai até o bairro São Pedro. E, por isso, sabe que a linha de ônibus 346 vai do centro ao bairro São Pedro. Zezinho também sabe que a rua das Hortências fica entre o centro e o bairro São Pedro, e que a biblioteca fica na rua das Hortências. Logo, Zezinho pode deduzir que, tomando o ônibus 346, poderá ir até a biblioteca.

Isso ocorre porque na inteligência formal está presente a capacidade de efetuar proposições mentais sobre outras operações já conhecidas (Piaget, 1978, p. 27-28).

Ao analisarmos a obra do pesquisador genebrino e dos seus colaboradores, especialmente da psicóloga Bärbel Inhelder, percebemos que, por meio dos estudos que realizaram, puderam concluir que o estágio das operações formais é marcado pelo surgimento da lógica das proposições e da capacidade do sujeito em operar sobre enunciados verbais. Isso quer dizer que, nessa fase, o sujeito (criança) já consegue utilizar o raciocínio hipotético-dedutivo, o que dispensa a presença de objetos ou de sua representação na resolução de problemas.

Após os 11-12 anos, as operações lógicas já podem ser transpostas (pelo sujeito) do nível concreto para o plano das abstrações, pois já é possível expressá-las na linguagem das palavras ou em símbolos matemáticos, tornando possível a resolução de novas proposições. Como a seguinte:

> João é tio de José; Maria é mulher de Antonio; Joaquim é pai de José e de Maria. A esposa de Joaquim não tem irmãos. Qual o parentesco de Joaquim com João?

Na ação prática do sujeito, durante seu desenvolvimento etário (período sensório-motor), a passagem da AÇÃO para a PERCEPÇÃO e desta para a ABSTRAÇÃO FORMAL reforça a tese piagetiana de que a ontogênese repete a filogênese. Isso significa que o ser humano traz em sua herança genética as condições que favorecem a produção e a ampliação das diferentes formas de assimilação e de acomodação do conhecimento (ontogênese). Esse processo se realiza através dos desafios que decorrem da influência do meio sociocultural na vida do sujeito e que exigem dele (o sujeito) reflexão e ação diante de cada situação com a qual se confronta. Entretanto, convém lembrar que o conhecimento advindo da inter-relação sujeito *versus* meio certamente não pode estar dissociado da parte afetiva de sua vida.

Para que isso ocorra, é fundamental a existência dos estímulos externos (vindos do meio), de onde vem o sentido do INTERACIONISMO de que fala Piaget. Nessa perspectiva, o sujeito não é só ativo ou passivo, mas sim interativo.

Um outro ponto levantado pelo pesquisador suíço, e de grande valia no campo de atuação do psicopedagogo, é o PENSAMENTO

ESPONTÂNEO da criança nas suas diferentes idades. Por *espontâneo* entendemos aquilo que a criança consegue fazer sem a ajuda de outrem.

Na sequência, apresentaremos uma série de atividades baseadas nas clássicas provas utilizadas por Piaget no diagnóstico da espontaneidade do pensamento infantil. No trabalho pedagógico, o embasamento teórico advindo desse conteúdo é muito significativo para que as atividades escolares trabalhadas com as crianças não estejam além ou aquém das suas possibilidades (etárias, intelectuais, afetivas etc.). Além disso, não se pode esquecer que as situações de ensino-aprendizagem devem consistir em permanentes desafios para a criança, provocando-a para a busca DO NOVO, o que só é atingido através da prática sustentada por uma sólida formação psicopedagógica.

> *Temas para aprofundamento da leitura*
>
> - Após a leitura sobre os estágios do desenvolvimento da inteligência, pense e discuta com os(as) colegas o significado desta proposição: *As aquisições estruturais formadas nos períodos que constituem os estágios do desenvolvimento ocorrem de forma integrada, organizadas numa dimensão de conjunto e não por justaposição.*
> - Avalie a importância da teoria das defasagens para a prática psicopedagógica, socializando-a com os(as) demais colegas.
> - Pense em algumas atividades pedagógicas que podem auxiliar a criança pequena na superação dos limites característicos da fase egocêntrica.

n Pi

Atividades para a avaliação do tempo e do desenvolvimento intelectual da criança

Capítulo 6

O desenvolvimento de que trata Piaget tem conotação apenas psicológica. O assunto sobre o qual é construído o estudo neste capítulo está relacionado ao fato de que ele não se refere ao desenvolvimento escolar ou àquele obtido no meio familiar, uma vez que insiste em afirmar que o desenvolvimento que propõe avaliar é a manifestação espontânea dos aspectos intelectual e cognitivo da criança com o foco centrado nas atividades.

Para Piaget, o desenvolvimento da criança é um processo temporal por excelência, seja no aspecto psicológico, seja no biológico, pois todo desenvolvimento supõe uma duração, e a infância dura mais quanto mais superior for a espécie. A infância de um gato ou de um cachorro dura menos do que a infância da criança, porque esta tem muito mais para aprender.

O DESENVOLVIMENTO ESPONTÂNEO, fundamental na aprendizagem escolar, para ele é o que leva a criança a aprender por si mesma aquilo que não lhe foi ensinado ou, ainda, aquilo que descobrirá sozinha. É esse desenvolvimento que, segundo o pesquisador genebrês, leva tempo para ser construído (Piaget, 1978, p. 213). Portanto, a lógica requerida pela criança na realização das suas atividades está relacionada ao seu estágio de desenvolvimento intelectual.

Na elaboração dessas atividades são utilizados os conceitos de quantidade discreta ou descontínua e de quantidade contínua.

QUANTIDADE DISCRETA é a que contamos, seriamos ou classificamos por unidade. Por exemplo: bananas, carros, árvores etc. Nesse caso, dizemos que se trata de uma unidade natural, porque bananas, carros e árvores podem ser compreendidos unitariamente e quantificados como objetos. Como já vimos, essas são características da quantidade discreta; já a QUANTIDADE CONTÍNUA só pode ser medida.

Segundo Piaget, a compreensão do que sejam quantidades contínuas é mais difícil para a criança, porque as diferentes unidades que compõem a quantidade não são percebidas separadamente. Para conseguir apreender as quantidades contínuas, a criança precisa imaginar que, por exemplo, o comprimento de uma corda não pode ser contado em partes isoladas, uma vez que a distância entre o começo e o fim da corda não lhe permite identificar cada uma das partes dessa mesma corda. Essa dificuldade decorre do fato de que, nas quantidades contínuas, as unidades não são naturais; portanto, não são percebidas ou contadas isoladamente (Nunes, 2005, p. 121-122).

Outra questão que precisa ficar clara é a que se relaciona à noção de CONSERVAÇÃO.

Segundo Kamii (1992, p. 48), "A conservação refere-se à capacidade de deduzir que a quantidade não muda mesmo que mude a sua aparência, e de saber explicar o porquê". Diz-se, por isso, que a criança é CONSERVADORA, quando utiliza argumentos que sustentem esse raciocínio.

Veremos, nas atividades que se seguem, que somente quando a criança apresentar o desempenho esperado é que terá alcançado essa característica interessante para aferição de estar ou não dentro dos parâmetros do seu desenvolvimento mental, que é a de conservação. O texto e as gravuras foram adaptados da obra *Didática da Matemática* de Ernesto Rosa Neto.

As atividades que mencionaremos podem ser utilizadas na avaliação do desenvolvimento psicogenético da criança. Todavia, é sempre interessante lembrar que as etapas do desenvolvimento intelectual não estão condicionadas a um período cronológico fixo. Nesse contexto, podemos na avaliação psicogenética da criança, levando em conta os respectivos conceitos, averiguar: a classificação e a conservação do número; a capacidade de seriar; a conservação da quantidade discreta, do comprimento e da área; a noção de inclusão de classes; a conservação de massa, de peso e de volume.

1. Avaliando a capacidade de classificar

Classificar significa "agrupar" os objetos segundo suas equivalências ou "reunir" objetos a partir dos critérios comuns existente entre eles.

Figura 5 – *Avaliando a capacidade de classificar*

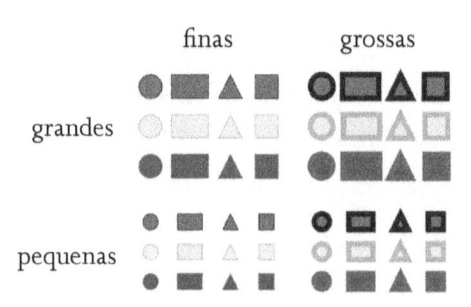

	finas	grossas
grandes	●■▲■ ○▣△▢ ●■▲■	○■△■ ○□△□ ●■▲■
pequenas	●■▲■ ○▣△▢ ●■▲■	○■△■ ○□△□ ●■▲■

Fonte: Adaptado de Rosa Neto, 2005.

O material didático denominado *blocos lógicos*, composto por 48 peças de madeira ou plástico, é um dos recursos físicos que pode ser usado nessa atividade de avaliação. As peças variam segundo os seus respectivos atributos: FORMA (quadrados, triângulos, retângulos, círculos); TAMANHO (grande, pequeno); COR (amarelo, vermelho, azul); ESPESSURA (grosso, fino).

Assim, de início, devemos deixar a criança brincar livremente com as peças, manipulando-as aleatoriamente, pois nessa atividade ela está construindo concretamente aquilo que há no seu imaginário – o CONCRETO PENSADO. Isso é feito por classificações: separando por cores, formas, tamanho, espessura etc. Se ela separar os blocos utilizando os atributos destes (cores, formas, tamanhos, espessuras etc.), é porque já desenvolveu a noção de conservação e de classificação. Todavia, não podemos esquecer que cada classificação significa o conhecimento de um atributo da coisa manipulada pela criança.

Além dos blocos lógicos, podem ser usados outros materiais como figuras recortadas em cartolina, carrinhos de variadas cores e formas, entre outros.

2. Avaliando a conservação do número

Para essa atividade, devem ser colocadas na mesa cinco tampinhas e, em seguida, solicitarmos à criança que também coloque na mesa a mesma quantidade.

Na sequência, estabelecemos o seguinte diálogo com a criança:
- Estas tampinhas são minhas e estas são suas. Quantas eu tenho?
- Cinco.
- Quantas você tem?
- Cinco.
- Quem tem mais?
- Igual.

Em seguida, juntamos as tampinhas de uma fileira e espaçamos as tampinhas da outra fileira.

Para, então, perguntar:
- Quantas você tem?
- Cinco.
- Quem tem mais?

Uma criança entre 4 ou 5 anos dirá que a fila espaçada tem mais. E, ao ser interrogada sobre a causa disso, provavelmente haverá o seguinte diálogo:
- Por quê?
- É mais comprido, tem mais.

Figura 6 – Avaliando a conservação do número

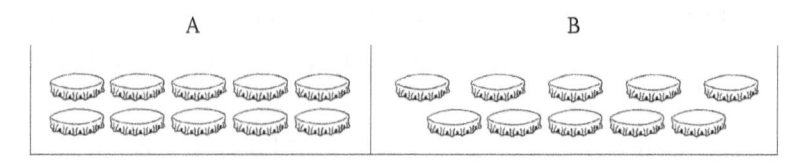

A	B

Fonte: Adaptado de Rosa Neto, 2005.

Esse procedimento demonstra que a criança já sabe contar, mas não possui ainda a noção de número. Portanto, ela ainda não tem conservação de quantidade. Depois dos 6 anos já dará a resposta que o adulto espera, argumentando que o espaçamento não alterou a quantidade. Para a faixa etária que compreende dos 4 aos 5 anos, as respostas do diálogo anterior são consideradas normais.

3. Avaliando a capacidade de seriar

Para diagnosticar a capacidade de seriar, podemos utilizar a seguinte atividade: quebrar 10 palitos de sorvetes, cada um com um tamanho diferente e solicitar à criança que os ordene.

Até os 6 anos, a criança não consegue atender à solicitação. Nesse período, apenas os separa por tamanho (grandes e pequenos) ou os reúne em conjuntos. Após os 6 ou 7 anos, ela já é capaz de estabelecer as relações corretas e colocar os palitos em ordem.

Figura 7 – Avaliando a capacidade de seriar

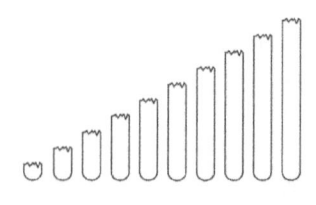

Fonte: Adaptado de Rosa Neto, 2005.

É importante ressaltar que há outros tipos de seriação. Algumas delas são atingidas pela criança no começo do período pré-operatório (dos 5 aos 7 anos), como certas brincadeiras ou atividades de confeccionar.

4. Avaliando a conservação da quantidade discreta

Para a realização dessa atividade, devem ser observados os seguintes passos:

- a quantidade de grãos nos copos deve ser a mesma;
- passar lentamente os grãos da caixa para os dois copos, grão a grão, com ambas as mãos, ao mesmo tempo;
- após algum tempo, pararmos e perguntarmos: EM QUE COPO HÁ MAIS GRÃOS?

Respostas que costumam ser dadas por crianças de até 6 anos:

- Este copo é mais alto, tem mais.
- Neste tem mais porque é mais alto.

Depois dos 7 anos as respostas passam a ser:

- Igual.

Figura 8 — *Avaliando a conservação da quantidade discreta*

Fonte: Adaptado de Rosa Neto, 2005.

A conservação da quantidade discreta antecede em um ano, aproximadamente, a conservação da quantidade contínua.

5. Avaliando a conservação de comprimento

Devemos providenciar duas tiras de cartolina com 12 cm de comprimento e quatro tiras em forma de "v", para realizarmos essa avaliação.

Figura 9 – *Avaliando a conservação do comprimento (A)*

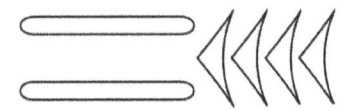

Fonte: Adaptado de Rosa Neto, 2005.

Colocar uma tira ao lado da outra e perguntar qual é a maior. A resposta será:

- Igual.

Na sequência, montamos o esquema da Figura 10 e tornamos a perguntar qual é a maior. Em seguida, viramos os "vv". Ficando para fora, em cima, e para dentro, embaixo. Em seguida, repetimos a pergunta: Qual é a maior?

Figura 10 – *Avaliando a conservação do comprimento (B)*

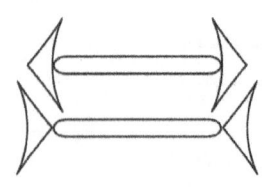

Fonte: Adaptado de Rosa Neto, 2005.

Antes dos 6 anos, a criança diz que a tira com os "vv" virados para dentro é menor.

Após os 6 ou 7 anos, diz que são iguais. Nesse caso, podemos considerar que a criança atingiu a conservação de comprimento.

6. Avaliando a conservação de área

A atividade a seguir pode ser utilizada para avaliar a estrutura mental da criança quanto à conservação de área. Para tanto, são necessários dois papéis verdes, representando pastagens, com uma vaquinha em cada um.

Figura 11 — *Avaliando a conservação da área*

Fonte: Adaptado de Rosa Neto, 2005.

Após a visualização do desenho pela criança, podemos perguntar:
- Qual vaquinha tem mais capim para comer?
- Igual.

Em seguida, colocamos uma casinha em cada pastagem, dizendo:
- Usei uma parte do pasto para construir uma casinha. Agora, qual vaquinha tem mais capim para comer?
- Igual.

Continuamos colocando uma casinha em cada pasto e perguntando onde há mais capim. Em um dos pastos, as casinhas vão sendo arrumadas em um canto, ordenadamente, e, no outro, as casinhas são distribuídas sem qualquer critério, conforme pudemos observar na Figura 11.

Neste momento em que observa e estabelece a equivalência visual, é comum a criança com menos de 7 anos responder que, no pasto onde as casinhas encontram-se arrumadas de forma ordenada, há mais capim. Após os 7 anos, com frequência, responde que em ambos os pastos há a mesma quantidade de capim.

7. Avaliando a capacidade de realizar inclusão de classes

Essa atividade pode ser utilizada para diagnosticar se a criança já atingiu a estrutura mental necessária para realizar a inclusão de classes.

Figura 12 – *Avaliando a capacidade de realizar inclusão de classes*

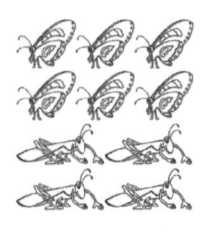

Fonte: Elaborado com base em Rosa Neto, 2005.

Após apresentarmos esses desenhos, perguntamos:
- O que você vê aqui?
- Borboletas e grilos.
- Quantas borboletas?
- Seis.

- Quantos grilos?
- Quatro.
- Há mais borboletas ou grilos?
- Borboletas.
- Há mais borboletas ou animais.
- Borboletas (resposta provável).

"Borboletas" é a resposta provável para a última pergunta, pois a criança pequena compara as classes de borboletas e grilos. Borboletas e grilos estão, entretanto, incluídos na classe de animais. A dificuldade apresentada pela criança nessa fase está em estabelecer a inclusão da parte (borboleta e grilo) no todo (animais).

O que ocorre é que antes dos 7 anos a criança apresenta dificuldade em comparar classes de hierarquias diferentes, quando essa dificuldade se prolonga por muito tempo, torna-se interessante investigarmos suas razões. Afinal, a inclusão de classes é necessária na construção da noção de quantidade, pois a noção de número é uma síntese entre seriação e inclusão de classes.

Estudos piagetianos demonstraram que a compreensão de que um objeto pode, ao mesmo tempo, pertencer a duas classes diferentes começa a ser manifestada pela criança por volta dos 7 anos.

8. Avaliando a conservação de massa

Para essa atividade, são necessários dois copos iguais e um terceiro, mais largo, mas com a mesma capacidade dos outros.

Figura 13 — *Avaliando a conservação de massa*

Fonte: Adaptado de Rosa Neto, 2005.

Devemos encher com água os dois copos iguais e perguntarmos à criança em qual dos dois há mais água. A resposta provável é: igual.

Em seguida, despejamos o conteúdo de um deles no copo mais largo e repetimos a pergunta. Até 6 ou 7 anos, as respostas mais comuns são:

- Aqui tem mais.
- Por quê?
- Porque é mais alto.

Ou então:
- Este tem mais água.
- Por quê?
- Porque é mais gordo.

Depois dos 7 ou 8 anos é que a criança começa a dizer que eles são iguais, porque o mais baixo é mais largo.

9. Avaliando a conservação de peso

Com argila ou outro material, fazemos duas bolinhas iguais e perguntamos à criança qual é a mais pesada. Ela provavelmente responde que pesam a mesma coisa. Pegamos, então, uma das bolinhas e a pressionamos até ficar igual a uma salsicha.

Figura 14 – *Avaliando a conservação de peso*

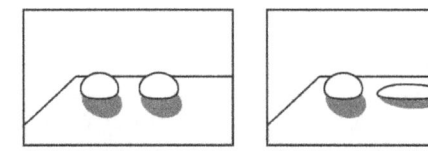

Após essa ação, voltamos a perguntar:
- E agora, qual é a mais pesada?

As respostas, até cerca de 8 ou 9 anos, são:
- Esta é mais comprida, é mais pesada.

Ou então:
- Esta é mais leve, porque é mais fina.

10. Avaliando a conservação de volume

Para esta atividade, devemos utilizar dois copos iguais e com água até a mesma altura, além de duas bolas de massa também iguais.

Figura 15 – *Avaliando a conservação de volume*

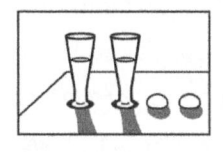

Fonte: Adaptado de Rosa Neto, 2005.

Devemos colocar cada bola em um copo e deixar que a criança perceba que os níveis de água subiram igualmente. Em seguida, retiramos as bolas e perguntamos:

- Se eu colocar uma bola em cada copo, em qual deles a água ficará mais alta?
- Igual.

Logo em seguida, transformamos uma das bolas em "salsicha" e repetimos a pergunta. Antes de 10 ou 11 anos, a criança não percebe que o volume não se altera com a deformação. Somente após essa idade, no estágio das operações formais, essa aquisição se efetiva.

Há muitas outras experiências que demonstram que as crianças têm raciocínio diferente do adulto. A escola deve planejar suas atividades de modo que o aluno possa partir de elementos cognitivos que já possui ao chegar à escola, para, então, construir o novo.

6.1
Os argumentos que identificam a noção de conservação

Em suas investigações, Piaget concluiu que a criança deve utilizar certos argumentos para demonstrar que atingiu a noção de conservação. E, para a explicitação desses argumentos, pode ser tomada, como exemplo, a prova anteriormente descrita: *Com argila ou outro material, fazer duas bolinhas iguais e perguntar à criança qual é a mais pesada. Analisar a resposta, identificando os argumentos de identidade, reversibilidade e compensação.*

1. Argumento de identidade. A criança diz:
   - É a mesma coisa, porque você não tirou nada nem acrescentou nada. Mas, quanto ao peso, é mais comprido, logo mais pesado.

2. Argumento de reversibilidade. A criança diz:
- Você afinou a massa, você deve transformá-la em bolinha e você verá que é a mesma coisa.

3. Argumento de compensação. A criança diz:
- Se afinar, tem mais; no entanto, fica mais fina. A massa ganhou por um lado e perdeu por outro. Portanto, há uma compensação, o que a faz permanecer a mesma coisa (Piaget, 1978, p. 213).

Após o estudo sobre o pensamento espontâneo, é oportuno que nos detenhamos na questão que envolve a natureza do conhecimento. O discernimento sobre esse assunto evita problemas relacionados ao processo de aprendizagem do aluno.

6.2
Os tipos de conhecimento para a teoria piagetiana

Piaget e seus seguidores admitem a existência de três tipos de conhecimento e ressaltam a importância de distingui-los para que não ocorram equívocos que possam comprometer a verdadeira aprendizagem da criança, uma vez que se dividem em:

1. CONHECIMENTO FÍSICO: é quando a criança apreende apenas as características externas do objeto. Para o domínio desse conhecimento, é necessária somente a abstração simples, também denominada *empírica*. Na aquisição desse conhecimento, é preciso focalizar uma certa propriedade do objeto e ignorar as demais. Por exemplo: o contato da criança com uma árvore lhe permite saber o que é uma árvore;

no entanto, para distinguir essa árvore das demais espécies de seres vivos, ela necessita estabelecer relações entre as mesmas. Ocorre que, nesse tipo de aquisição mental – a do conhecimento físico –, a criança ainda não é capaz de estabelecer relações;

2. CONHECIMENTO SOCIAL (de natureza arbitrária): sua fonte pode ser encontrada nas convenções criadas pela própria sociedade. Trata-se de um aprendizado que ocorre de forma mecânica, apenas pelo convívio da criança com as pessoas e os fatos sociais que constituem seu meio. Por exemplo: dias da semana, data do aniversário de uma das pessoas da sua convivência, dia da criança etc.;

3. CONHECIMENTO LÓGICO (de natureza endógena – mental): é quando a criança consegue estabelecer relações. Isto é, os argumentos utilizados na sustentação do pensamento foram construídos pela própria criança e estão alojados em sua mente. E, ao contrário do conhecimento físico, a construção do conhecimento lógico necessita da abstração reflexiva. Isso quer dizer que, então, o sujeito já precisa ter capacidade para estabelecer relações entre dois objetos e para distinguir similaridades ou diferenças entre eles. O que, por sinal, é um processo que se dá exclusivamente no aparato mental de quem elaborou essas relações – o sujeito. Convém lembrar que os conceitos de número, comprimento e área são construídos pela criança a partir da ação e dos seus significados para ela própria. Devemos, também, considerar que nesse processo está presente o conhecimento lógico, o que torna possível as novas aquisições mentais e gera relações e reações entre os diversos saberes

presentes no sujeito. Todavia, embora o sujeito já possa tomar contato com esses conhecimentos através da leitura ou por ouvir falar sobre eles, é um equívoco pensarmos que essas operações já decorrem de uma aprendizagem lógica dos conteúdos. Isso porque tais meios de aquisição ensejariam apenas novas aquisições físicas ou sociais, nunca conhecimentos lógicos de natureza endógena. Essa confusão é muito frequente na concepção tradicional de ensino-aprendizagem, que vê no conhecimento físico e no conhecimento social a ponte para a aquisição do conhecimento pelo sujeito.

Tendo em vista a existência dessas modalidades de conhecimento – físico ou empírico, social e lógico – torna-se interessante refletir sobre o significado do ensino em sala de aula. Afinal, como conceber o ato de ensinar nessa linha de pensamento?

A partir do exposto, considerando, por exemplo, os conteúdos de matemática, constatamos que eles podem ser "apresentados" para o aluno nos seguintes enfoques: a historicidade, a utilidade na e para a prática social, bem como as técnicas para a sua aplicação. No entanto, as estruturas mentais ou o raciocínio lógico empregados na resolução das atividades decorrentes desses conteúdos não podem ser "ensinados", mas sim podem ser estimulados e/ou favorecidos.

Ademais, essas estruturas (mentais) são construídas pela própria criança, internamente, por meio de abstração reflexiva, que decorre da interação do sujeito com o conteúdo. E, por se tratar de uma aquisição mental, seu desenvolvimento pode ser estimulado ou favorecido pelo meio externo, mas sua construção é de caráter interno e pessoal.

Acreditamos que uma prática pedagógica fundamentada em pressupostos teóricos, como os gerados no pensamento piagetiano, permite o salto de qualidade tão necessário aos nossos escolares e almejado por todos aqueles que acreditam – como Piaget – que somente pela educação pode-se formar para a liberdade.

Temas para aprofundamento da leitura

- Analise o significado de "desenvolvimento espontâneo" para Piaget e avalie a importância desse tema para a aprendizagem escolar.
- Com base no que foi exposto até aqui, verifique as evidências que revelam quando a criança pode ser considerada "conservadora" em suas estruturas mentais.
- Após organizar um grupo de estudo, aplique as provas sugeridas no texto e discuta o resultado conseguido com elas (provas) com os(as) colegas. Durante a aplicação e a discussão dessas atividades, procure rever os pressupostos que as fundamentam.
- Imagine situações que exemplifiquem os tipos de conhecimento anteriormente mencionados: empírico; social; lógico-matemático. Socialize com os(as) colegas o resultado dessa tarefa.

aget

A contribuição da teoria piagetiana para a psicopedagogia

Capítulo 7

Neste capítulo, abordaremos a concepção que emerge dos estudos piagetianos em relação à postura do educador, pois ao trabalhar com os tais pressupostos (piagetianos), ele procura fazer das suas aulas momentos dinâmicos de aprendizagem, eliminando os rituais que caracterizam o ensino na visão tradicional.

Nessa concepção, outro aspecto relevante, na atuação do educador piagetiano, é o respeito às diferenças individuais. Essa postura lhe permite pensar (e demonstrar através da sua prática em sala de aula) que existem diferentes maneiras de aprender e de expressar um mesmo conhecimento, pois é considerado um profissional que conhece com profundidade o conteúdo que se propõe a ensinar; e ENSINAR significa socializar o conhecimento com os alunos através de procedimentos cooperativos.

Nessa linha de pensamento, a suposição é que, ao mesmo tempo em que ensina, o professor está sempre atento para analisar as diferentes maneiras de aprendizagem demonstradas pelos alunos na execução das atividades propostas. Agindo assim, descobre novas estratégias de ensino, adequando-as àquelas que fazem parte de seu cotidiano e ampliando o leque do seu próprio saber, ou seja, O SABER-ENSINAR-SABER-APRENDER.

Como falamos anteriormente, nem sempre um aporte teórico consegue ser traduzido em prática pedagógica. Casos há em que o educador se autodenomina INTERACIONISTA, PIAGETIANO ou CONSTRUTIVISTA (termos que se equivalem), todavia, durante o processo de ensino-aprendizagem, adota procedimentos contrários aos requeridos nessas perspectivas. Precisamos, pois, considerar que, via de regra, o ensino escolar constitui-se em uma transmissão dos conteúdos previamente selecionados pela escola na elaboração dos seus programas curriculares. O procedimento ocorre durante a elaboração do projeto pedagógico da instituição, sendo que esse trabalho deve contar com a efetiva participação de todos os profissionais envolvidos no seu processo educacional, porquanto a opção por uma teoria epistemológica que fundamente a prática docente da escola faz parte também da elaboração do projeto pedagógico.

Todavia, ao escolher a teoria construtivista piagetiana como opção epistemológica, é fundamental que todos tenham muita clareza sobre os significados dos conceitos construídos por Piaget, já que o conhecimento superficial ou limitado levaria, consequentemente, a uma prática equivocada.

Não é possível conceber que alguém seja piagetiano sem uma considerável bagagem teórica sobre os conceitos básicos que constituem a epistemologia genética, pois esta teoria fornece ao professor respostas à indagação: COMO O ALUNO APRENDE?

Por outro lado, o descaso para com essa indagação (COMO O ALUNO APRENDE?) fatalmente implica ocorrência de situações embaraçosas; às vezes até de consequências preocupantes, especialmente para o aluno. Por exemplo: o professor que, ao trabalhar num determinado conteúdo, espera que todos os alunos aprendam ao mesmo tempo e de maneira padronizada. Ora, tal conduta negligencia as diferenças individuais de cada um no ritmo de aprendizagem e retira da criança a oportunidade para aprender com liberdade. LIBERDADE QUE É FATOR INDISPENSÁVEL PARA A CONSTRUÇÃO DE SUA AUTONOMIA INTELECTUAL.

A propósito dessa falta de liberdade, quando seu filho e os colegas de colégio haviam sido repreendidos pela professora, Maturana (1994) lhes dedicou um poema em que deixa isso bem claro, ilustra e denuncia essa realidade, conforme você pode observar, pois o transcrevemos nas páginas seguintes.

Súplica do estudante

Por que me impões
o que sabes
se eu quero aprender
o desconhecido
e sua fonte em meu próprio descobrimento?
O mundo da tua verdade
é minha tragédia;

tua sabedoria,
minha negação;
tua conquista,
minha ausência;
teu fazer,
minha destruição.

Não é a bomba que me mata;
o fuzil fere,
mutila e acaba,
o gás envenena,
aniquila e suprime,
porém a verdade
seca minha boca.

Apaga meu pensamento
e nega minha poesia,
me faz antes de ser.
Não quero a verdade.
Dá-me o desconhecido.
Deixa-me negar-te
ao fazer meu mundo
para que possa também
ser minha própria negação
e a vez de ser negado.

(...) O erro
será novamente possível
no despertar da criatividade.
(...) Não me instruas,

vivas junto a mim;
teu fracasso é que eu
seja idêntico a ti.

Não te dás conta
de que tens querido combater
a ignorância
com a instrução
e que a instrução
é a afirmação
da ignorância
porque destrói
a criatividade?

A leitura desse poema remete ao cotidiano da escola e ao que muitas vezes acontece durante uma aula: imposição de conteúdos como verdades prontas e acabadas, desrespeito ao ritmo de aprendizagem do aluno, conotação pejorativa do "erro" etc. Procedimentos como esses revelam a crença na teoria epistemológica empirista, que prima pela reprodução do conhecimento transmitido pela escola e pela passividade moral e intelectual do aluno. Aliás, nunca é demais lembrar os ensinamentos de Ruiz e Bellini (1996, p. 15), os quais afirmam textualmente que "a educação para o desenvolvimento é adentrar num universo onde velhas certezas precisam ser deixadas de lado".

Já o interacionismo piagetiano consiste em um pressuposto teórico que concebe o conhecimento como resultado da interação do aluno sobre o objeto do conhecimento – o CONTEÚDO. Essa interação é que leva à construção das estruturas mentais no aluno.

A negação ou o desconhecimento desse pressuposto pode gerar uma falsa ideia de aprendizagem, além do desrespeito para com o ritmo e o estilo de aprendizagem ou, ainda, causar um conceito equivocado sobre a questão da (in)disciplina. Em outras palavras, termos por ALUNO DISCIPLINADO uma criança passiva e obediente e, por INDISCIPLINADO, a ativa e inquiridora.

Assim como na prática pedagógica, a epistemologia genética vai representar um valioso acervo teórico também no campo de atuação da psicopedagogia institucional. Nela, o psicopedagogo encontra os subsídios necessários para entender o processo de formação das estruturas mentais, afetivas e intelectuais da criança. Dessa forma, pode realizar intervenções adequadas e oportunas no trato das questões relacionadas às dificuldades de aprendizagem.

O pensamento de Piaget e de seus seguidores reforça a certeza de que a escola precisa ter como meta educacional o desenvolvimento intelectual do sujeito, o que deve estar sempre fundamentado na compreensão, na invenção e na capacidade de recriar o real.

Ainda que ligeiramente, é também necessário mencionar o legado teórico deixado por Piaget no que tange à construção da moral na criança. Esse assunto ganha maior relevância quando a discussão se volta para o campo de atuação do psicopedagogo. Até porque este profissional é sempre chamado para assessorar o professor no tratamento dos problemas de ordem disciplinar que ocorrem nas instituições de ensino.

Devemos lembrar que os problemas disciplinares ganham em dimensão e em quantidade no dia a dia das escolas. Assim, historicamente, é impossível desconhecer o quanto a EDUCAÇÃO TRADICIONAL foi autoritária e opressora no trato com a questão da moral, o que não impediu que a escola viesse a sofrer com a indisciplina e a rebeldia que a atingem cada vez mais, manifestadas na maioria das vezes entre os educandos. As consequências do problema são visíveis a todo o momento e têm parte substancial da sua causa nas concepções filosófico-pedagógicas e nos métodos utilizados pela educação tradicional, que concebia a construção da moral de fora para dentro e de cima para baixo. Isso porque na perspectiva dessa corrente epistemológica prevalece a crença de que as regras e os costumes morais devem ser interiorizados pela criança a partir dos exemplos dos adultos. Daí o uso da punição moral ou, até mesmo, da punição física como medidas disciplinares praticadas no âmbito da escola. Mas, em vez de resolver problemas, essas práticas apenas reforçam a HETERONOMIA*, como entende Piaget.

Na EDUCAÇÃO CONTEMPORÂNEA, não é concebível cometermos o mesmo equívoco, mormente agora, quando vivemos um tempo em que a instituição escolar pode contar com o apoio do psicopedagogo para prevenir os conflitos escolares e/ou para ajudar a solucioná-los. Além disso, o trabalho psicopedagógico contribui também no combate às causas geradoras dos problemas de aprendizagem que impedem a construção da autonomia intelectual pela criança.

Ressaltamos, ainda, que a resolução dos conflitos emocionais gerados em sala de aula quase sempre leva o professor a solicitar a presença e a interferência do psicopedagogo. Todavia, o êxito

---

* Heteronomia: característica do respeito unilateral, incapacidade de guiar-se por si mesma, ao contrário da autonomia que significa autorregulação ou capacidade de selecionar seu próprio curso de ação.

nessa atuação exigirá do profissional compromisso político, domínio emocional e embasamento teórico.

Tudo isso comprova que a realidade vivenciada atualmente pela maioria das escolas justifica uma retomada, ainda que sucinta, de alguns pontos dos estudos realizados por Piaget acerca da formação do juízo moral, da afetividade e do desenvolvimento intelectual, como passaremos a fazer.

7.1
A questão da moralidade em Piaget

Na perspectiva piagetiana, a formação moral e intelectual do sujeito deve consistir em alvo de preocupação e de grande interesse por parte dos adultos que convivem com a criança. Nesse sentido, destaca-se como relevante a necessidade de conhecermos o desenvolvimento psicológico e afetivo (moral) da criança, principalmente nos primeiros anos de vida.

Piaget destaca que os sentimentos ou as tendências afetivas são manifestados pela criança já no início da sua constituição mental. Bem cedo, ela manifesta necessidade de amor, exteriorizando-a através de maneiras diversas. Além disso, também o medo está permanentemente presente nas suas relações com o mundo.

Sentimentos como medo ou insegurança em relação às pessoas maiores e/ou mais fortes do que ela etc. decorrem do respeito unilateral da criança para com os mais velhos, e podem gerar uma conduta de obediência cega ou de conformismo, reforçando a heteronomia infantil. Para compreender melhor essa questão, é importante rever, ainda que brevemente, as três etapas por que passa a criança na construção de seu juízo moral, a saber: anomia, heteronomia e autonomia.

Na ANOMIA, predominante até os 5 ou 6 anos da criança "a obediência à regra se faz por imitação e participação" (Lima, 1980, p. 82). As regras coletivas ainda não são seguidas pela criança durante essa fase (anomia). Ela tende à satisfação de suas fantasias simbólicas, concentrando-se apenas em suas atividades motoras.

Já na HETERONOMIA, que ocorre normalmente até os 9 ou 10 anos de idade, a criança submete-se passivamente às regras impostas pelo meio. Acata com total obediência as ordens vindas das outras pessoas. Esse processo é responsável pela dificuldade apresentada pela criança em conceber as regras como um contrato firmado entre os jogadores, uma vez que ela as vê e as obedece como algo sagrado e imposto pela tradição (La Taille; Oliveira; Dantas, 1992, p. 50).

Na AUTONOMIA, alcançável por volta dos 11 ou 12 anos, pode ser percebida uma inversão total na conduta da criança, tanto no plano da consciência quanto no da prática. Aqui, as regras não são mais consideradas sagradas e imutáveis; ao contrário, o acordo mútuo – DEMOCRACIA – pode levar a alterações, quando o objetivo é o bem coletivo. Nessa fase do juízo moral, a coação – RESPEITO UNILATERAL – cede terreno para a cooperação – RESPEITO RECÍPROCO. Nesse período, a criança já atingiu o desenvolvimento mental das operações lógico-matemáticas.

A propósito, Lima (1980, p. 83) afirma que "a democracia produz um ciclo fechado: depende do desenvolvimento mental e da autonomia, mas é a condição *sine qua non* da autonomia e do desenvolvimento mental...". Esse fundamento também está assentado na tese piagetiana de que "a lógica é a moral do pensamento e a moral é a lógica da conduta" (Lima, 1980, p. 83).

Podemos constatar, por isso, que para a educação em geral e, sobretudo, para a educação escolar é de grande importância a contribuição dos estudos piagetianos acerca do desenvolvimento do juízo moral, porquanto os pressupostos piagetianos trazem um novo sentido para a educação das crianças e para prática pedagógica escolar, propiciando que as relações interindividuais estabelecidas nas atividades educacionais, com base nesses postulados, com certeza sirvam de base para a permanente construção dos valores morais no indivíduo.

Por outro lado, o estabelecimento do respeito mútuo requer reciprocidade na troca de opiniões entre as pessoas. Esse procedimento representa um poderoso método educativo por permitir que os fatores determinantes das ações que estão em julgamento, sejam elas boas ou más, possam ser explicitados, discutidos e avaliados no ponto de vista, tanto da criança quanto do adulto.

Ao contrário das sanções morais e físicas, A SANÇÃO POR RECIPROCIDADE LEVA À CONSTRUÇÃO DA AUTONOMIA MORAL, princípio fundamental para a autonomia intelectual do sujeito.

Retomando a questão das punições de cunho autoritário e, portanto, heterônomas, os estudos de Piaget apontam para um tipo de medida disciplinar comumente utilizada por adultos no caso de transgressões de regras pela criança, trata-se da punição expiatória.

A PUNIÇÃO EXPIATÓRIA, de natureza arbitrária, é aplicada quase sempre como sanção pela desobediência às regras impostas pelos adultos, no entanto o caráter coercitivo dessa iniciativa não explicita a ligação com a ofensa, então, cometida. Desse modo, a criança ignora por que está sendo punida. Consequentemente, essa medida disciplinar não oferece à criança infratora a oportunidade para a reflexão sobre a sua transgressão. Por exemplo: um menino é proibido de ir ao cinema por ter brigado com seu irmão. O fato de ter sido privado da diversão não o leva a avaliar a sua atitude; ao contrário, pode levar o punido, inclusive, a responsabilizar o irmão pelo castigo que lhe foi imposto. Aí está patente, então, a rebeldia criada pelo tipo de punição que recebeu (expiatória).

Já a punição denominada SANÇÃO POR RECIPROCIDADE, considerada por Piaget como mais educativa e propiciadora da autonomia moral, oportuniza ao punido um repensar sobre a ação cometida. É uma oportunidade para que (o punido) repense e reveja as atitudes por ele perpetradas. É uma reflexão que conduz à adesão das regras por caminhos bem diferentes daqueles utilizados na punição expiatória.

Na sanção por reciprocidade, a pessoa que desobedece às regras é levada a pensar sobre a sua conduta e o quanto esta pode comprometer o contrato social que fundamenta a cooperação. Nesse caso, ainda que haja necessidade de uma penalidade material ou social, quando isso for absolutamente necessário, a punição não é considerada arbitrária, por possibilitar ao punido refletir sobre o ato cometido.

Nessa situação, a criança infratora tem consciência por que está sendo castigada, pois o adulto travou com ela um diálogo, oportunizando-lhe falar sobre as razões que a levaram ao comportamento transgressor das normas sociais. Paralelamente, o infrator é levado a ouvir a apreciação da pessoa com a qual está conversando. Portanto, a troca de pontos de vista sobre a situação é mútua. Disso resulta a natureza educativa dessa punição, uma vez que na SANÇÃO POR RECIPROCIDADE sempre haverá um vínculo explicativo entre o ERRO e a PUNIÇÃO, facultando ao sujeito repensar as suas atitudes. Assim, a cooperação que ocorre nesse procedimento conduz à autonomia moral da criança que acata regras disciplinares as quais ela entende e adota. Muitas vezes, ela própria contribuiu para a sua implementação, ajudou a fixar ou adotou o que contribui para a formação de sua própria personalidade.

Voltemos ao caso do menino privado de ir ao cinema por ter brigado com o irmão. Como sanção, por exemplo, pela falta cometida, ele pode ser proibido de brincar com o irmão. Nesse caso, pode ficar sozinho até perceber que, caso não se retrate, não voltará a ter a companhia do irmão ou a de outros amigos para as suas brincadeiras. Contudo, retratando-se, há a oportunidade para que sejam refeitos os laços fundamentais que tornarão possível o restabelecimento da cooperação e das regras que a sustentam.

Portanto, na visão piagetiana, a criança constrói o conhecimento e o julgamento moral nas relações que estabelece com os outros. Os objetivos educacionais, na escola ou na família, devem priorizar esse aspecto do desenvolvimento infantil. A criança deve ter contato com situações que promovam a construção do conhecimento moral, que possibilitem também o exercício do julgamento moral; dessa forma, pode solidificar o comportamento moral. A cooperação, o julgamento moral e a autodisciplina são construídos e desenvolvidos pela criança na convivência com o grupo social a que pertence.

Sem dúvida o conhecimento moral é necessário para o julgamento moral e este para o comportamento moral. É certo também que o julgamento moral não assegura um comportamento moral consistente. O indivíduo não age moralmente apenas porque é racionalmente capaz de pensar daquela maneira. Na concepção de Piaget, o comportamento moral está basicamente sob o controle da vontade ou da escala permanente de valores. Se a pessoa tem uma vontade forte, haverá um forte sentido de obrigação para com os próprios valores. Uma vontade forte aumenta a probabilidade de alguém agir de acordo com o quê o julgamento moral diz ser a coisa certa a fazer. (Wadsworth, 1995, p. 183)

Acreditamos que uma ação pedagógica pautada nessa linha de pensamento, além de coerente com a educação para a liberdade, sonhada por Piaget, está igualmente disseminando os fundamentos para a construção da democracia no sentido micro e macrossocial.

Para encerrarmos, é fundamental registrar o quão grande é e será a participação do psicopedagogo na transformação dessa utopia em realidade.

TEMAS PARA O APROFUNDAMENTO DA LEITURA

- Imagine e anote três situações que justifiquem a intervenção psicopedagógica no âmbito da instituição escolar. Troque essa informação com os(as) colegas.
- Elabore um breve texto explicitando sua interpretação acerca do poema *Súplica de um estudante*. Leia seu trabalho para os(as) colegas.
- Analise os conceitos de ANOMIA, HETERONOMIA e AUTONOMIA e encontre exemplos práticos que os ilustrem.

- Com os(as) colegas, faça uma dramatização que demonstre a prática de um psicopedagogo, utilizando o pressuposto teórico piagetiano "sanção por reciprocidade" com o educando.

Considerações finais

O estudo que ora finalizamos visa contribuir para uma reflexão sobre a teoria piagetiana no campo de atuação do psicopedagogo. Para tanto, procuramos priorizar os pontos relevantes para compreendermos a construção das estruturas intelectuais, afetivas e morais por parte da criança.

Todavia, é conveniente ressaltar que de forma alguma este texto deve representar um referencial que contemple plenamente a grande obra de Piaget. Até porque não podemos perder de vista o volume e a abrangência de estudos que a compõem: os trabalhos do mestre genebrês são volumosos e procuram explicações para os fenômenos cognitivos em inúmeros setores da vida e, especialmente, no que tange à explicação da busca da gênese das estruturas intelectuais do homem.

Já em relação à amplitude de suas investigações, podemos dizer que ela hoje atinge grandes proporções, seja pela abrangência dos seus trabalhos, seja pelo que somam os dos seus seguidores, uma vez que a EPISTEMOLOGIA GENÉTICA ganha adeptos e têm novos enfoques todos os dias. Aliás, foi o próprio Piaget quem, em seus últimos tempos de vida, afirmou que estava deixando muitos caminhos iniciados para que outros pudessem percorrer rumo a novas investigações.

Assim, desejamos que você se sinta instigado a mergulhar no universo de Piaget, uma vez que a matéria é provocante e estimula a novas buscas e à aplicação dos seus postulados, tornando impossível a neutralidade em relação à epistemologia genética.

Não devemos esquecer, porém, que hoje existe um certo contingente de críticos que apontam para os limites existentes nos estudos piagetianos. Os mais discutidos são aqueles que procuram demonstrar que, para Piaget, os fatores sociais e culturais não foram considerados relevantes no processo de desenvolvimento da inteligência. Acreditamos que, em relação a isso, no início das pesquisas realizadas pelo mestre genebrino, realmente o social e o cultural não tiveram uma relevância que os tornassem traços marcantes em suas pesquisas; porém, não há registro em seus escritos que aponte para a negação da influência do aspecto sociocultural no desenvolvimento da criança.

No entanto, a riqueza de sua obra é inegável. A sua pesquisa – fundamentada no método de observação sistemática, na descrição e na análise do comportamento infantil – revelou dados importantes para o conhecimento dos desenvolvimentos psicológico, afetivo, cognitivo e intelectual da criança. Decorre disso, então, que a investigação das causas geradoras dos problemas de dificuldade de aprendizagem seja um dos principais objetivos do psicopedagogo, razão pela qual a teoria piagetiana representa um acervo teórico indispensável para a sua prática profissional.

Contudo, não defendemos a ideia de hegemonia teórica da epistemologia genética sobre as outras teorias que procuram explicar o processo de ensino-aprendizagem. Ao contrário, é aconselhável que o psicopedagogo tenha uma preparação técnica consolidada pelo pensamento de estudiosos oriundos das mais diferentes correntes teóricas, pois quanto maior e mais diversificada for essa fundamentação, maior será sua possibilidade de ação e de intervenção em prol da melhoria da educação das nossas crianças.

Referências

BARCELLOS, F. *Piaget*: psicologia infantil ao alcance de todos. Rio de Janeiro: Tecnoprint, 1983. 86 p.

BOSSA, N. A. *Psicopedagogia no Brasil*: contribuições a partir da prática. Porto Alegre: Artmed, 2000.

BREARLEY, M.; HITCHFIELD, E. *Guia prático para entender Piaget*. 2. ed. São Paulo: Ibrasa, 1973. 205 p.

CAMPOS, J. L. de. De Francastel a Piaget: em torno do conceito de espaço. Parte II: Ocorrências plásticas. Espéculo. *Revista de estudios literarios*, 2005. Universidad Complutense de Madrid. Disponível em: <http://www.ucm.es/info/especulo/numero31/francast.html>. Acesso em: 26 set. 2007.

COSTA, M. L. A. *Piaget e a intervenção psicopedagógica*. São Paulo: Olho D'água, 1997.

DOLLE, J. M. *Para compreender Jean Piaget*: uma iniciação a psicologia genética piagetiana. Rio de Janeiro: Zahar, 1983.

EVANS, R. I. *Jean Piaget*: o homem e suas ideias. Rio de Janeiro: Forense Universitária, 1980. 190 p.

FURTH, H. G. *Piaget na sala de aula*. 6. ed. Rio de Janeiro: Forense, 1997. 231 p.

HOUAISS, A.; VILLAR, M. de S. *Dicionário Houaiss da Língua Portuguesa*. Rio de Janeiro: Objetiva, 2001.

KAMII, C. *Aritmética*: novas perspectivas. Implicações da teoria de Piaget. Campinas: Papirus, 1992.

LA TAILLE, Y.; OLIVEIRA, M. K.; DANTAS, H. *Piaget, Vygotsky e Wallon*: teorias psicogenéticas em discussão. São Paulo: Summus, 1992.

LIMA, L. *Piaget para principiantes*. 2. ed. São Paulo: Summus, 1980.

MACEDO, L. Para uma psicopedagogia construtivista. In: ALENCAR, E. S. (Org.). *Novas contribuições da psicologia aos processos de ensino e aprendizagem*. 3. ed. São Paulo: Cortez, 1992.

MATURANA, H. *El sentido de lo humano*. Santiago: Dolmen, 1994.

NUNES, T. et al. *Educação matemática 1*: números e operações numéricas. São Paulo: Cortez, 2005.

PATTO, M. H. S. *A produção do fracasso escolar*: história de submissão e rebeldia. São Paulo: T. A. Queiroz, 1996.

PIAGET, J. *A epistemologia genética*: sabedoria e ilusões da filosofia; problemas de psicologia genética. São Paulo: Abril Cultural, 1978.

_____. *Para onde vai a educação?* Rio de Janeiro: J. Olympio, 1973.

Piaget, J. *Problemas de psicologia genética*. São Paulo: Abril Cultural, 1978.

_____. *A representação do mundo na criança*. Rio de Janeiro: Record, 1926.

_____. A educação da liberdade. In: 28º Congresso Suíço dos professores, 2., 1944, Suíça. *Anais...* Berna: Suíça, 1944.

_____. *A construção do real na criança*. 2. ed. Rio de Janeiro: Zahar, 1975.

_____. *Seis estudos de psicologia*. Rio de Janeiro: Forense Universitária, 2001.

Rosa Neto, E. *Didática da Matemática*. 5. ed. São Paulo: Ática, 2005.

Ruiz, A. R.; Bellini, L. M. *Educação, construtivismo e ética*. Porto Ferreira: Gráfica São Paulo, 1996. 134 p.

Saltini, C. J. P. *Afetividade e inteligência*. 3. ed. Rio de Janeiro: DP&A, 1999.

Visca, J. *Psicopedagogia*: novas contribuições. 3. ed. Rio de Janeiro: Nova Fronteira, 1991.

Wadsworth, B. J. *A inteligência e a afetividade da criança na teoria de Piaget*. São Paulo: Pioneira, 1995.

Nota sobre a autora

Maria Marta Mazaro Balestra é paranaense de São Joaquim do Pontal, minúsculo distrito onde viveu a sua infância e conheceu as primeiras letras.

Em 1970, ainda residindo em municípios do interior do estado, concluiu o Curso Normal Colegial em Itambaracá (PR), iniciando suas atividades de educadora na mesma escola onde frequentara o primário. No ano de 1974, licenciou-se em Pedagogia pela Faculdade de Filosofia Ciências e Letras de Paranavaí (Fafipa), cidade para onde mudara com a finalidade de cursar o terceiro grau (período em que concomitantemente trabalhou nas escolas do município de Paranavaí). Logo em seguida, naquela mesma instituição, complementou sua formação com o Curso de Orientação Educacional (1975). Depois, em 1981, especializou-se no Magistério Pré-Escolar (Colégio Santo Inácio, de Maringá) e, em 1996, concluiu Especialização em Ciências Sociais, na Universidade Estadual de Maringá (UEM).

Mudou-se para Curitiba (em 2003), pós-graduou-se em Psicopedagogia pelo Instituto Brasileiro de Ensino e Extensão (Ibpex) e terminou o mestrado em Educação (em 2004) na Universidade Católica do Paraná (PUCPR).

Sua atuação profissional sempre foi dedicada ao magistério. Foi professora da Rede Estadual de Educação do Paraná de 1979 a 2003, lecionando do ensino fundamental ao magistério de segundo grau. Em 1989, iniciou suas atividades como docente do ensino superior, inicialmente, como profesora colaboradora na UEM. Nessa mesma condição, de 1998 a 1999, atuou na Universidade Federal do Paraná (UFPR).

E, desde o ano 2000, exerce o magistério como professora titular no Curso de Pedagogia da Faculdade Cenecista de Campo Largo, onde também é membro da Comissão Organizadora do Congresso Brasileiro de Formação de Professores, evento que é realizado bienalmente por esta instituição. Participa, desde 1999, como professora em cursos de pós-graduação de diversas instituições de ensino, sendo que lecionou na maioria dos estados brasileiros.

Os papéis utilizados neste livro, certificados por instituições ambientais competentes, são recicláveis, provenientes de fontes renováveis e, portanto, um meio **respons**ável e natural de informação e conhecimento.

FSC
www.fsc.org
MISTO
Papel | Apoiando
o manejo florestal
responsável
FSC® C103535

Impressão: Reproset
Agosto/2023